BIBLIOTECA HONRADA.

CUENTOS FRÁGILES

POR

MANUEL GUTIERREZ NAJERA.

Fata viam invenient.

MEXICO

Imprenta del Comercio, de E. Dublan y Comp.

2ª DE PLATEROS NUMERO 3.

1883

CUENTOS

FRÁGILES

POR

MANUEL GUTIERREZ NAJERA

Fata viam invenient.

MÉXICO

Imprenta del Comercio, de E. Dublan y Comp.

2ª DE PLATEROS NUMERO 3.

· 1883

LA BALADA DE AÑO NUEVO.

N la alcoba muelle, acolchonada y silenciosa,
énas se oye la blanda respiracion del enfermi-
Las cortinas están echadas; la veladora espar-
en derredor su luz discreta, y la bendita imá-
a de la Vírgen vela á la cabecera de la cama.
bé está malo, muy malo. . . . Bebé se muere. . . .
El doctor ha auscultado el blanco pecho del
fermo; con sus manos gruesas toma las mane-
as diminutas del pobre ángel, y frunciendo el
ño, ve con tristeza al niño y á los padres. Pide
. pedazo de papel; se acerca á la mesilla velado-
, y con su pluma de oro escribe. . . . escribe.
lo se oye en la alcoba, como el pesado revoloteo
. un moscardon, el ruido de la pluma, corriendo

sobre el papel, blanco y poroso. El niño duerme no tiene fuerzas para abrir los ojos. Su cara, ántes tan halagüeña y sonrosada, está más blanca y trasparente que la cera: en sus sienes se perfila la red azulosa de las venas. Sus labios están pálidos, marchitos, despellejados por la enfermedad. Sus manecitas están frias como dos témpanos de hielo..... Bebé está malo..... Bebé está muy malo.... Bebé se va á morir....

Clara no llora; ya no tiene lágrimas. Y luego, si llorara, despertaria á su pobre niño. ¿Qué escribirá el doctor? ¡Es la receta! ¡Ah, si Clara supiera, lo aliviaria en un solo instante! Pues qué ¡nada se puede contra el mal? ¿No hay medios para salvar una existencia que se apaga? ¡Ah! sí los hay, sí debe haberlos; Dios es bueno, Dios no quiere el suplicio de las madres; los médicos son torpes, son desamorados, poco les importa la honda afliccion de los amantes padres; por eso Bebé no está aliviado aún; por eso Bebé sigue muy malo; por eso Bebé, el pobre Bebé, se va á morir! Y Clara dice con el llanto en los ojos:

—¡Ah! ¡si yo supiera!

La calma insoportable del doctor la irrita. ¿Por qué no lo salva? ¿Por qué no le devuelve la salud? ¿Por qué no le consagra todas sus vigilias, todos sus afanes, todos sus estudios? ¿Qué, no puede? Pues entónces de nada sirve la medicina, es un engaño, es un embuste, es una infamia. ¿Qué han hecho tantos hombres, tantos sabios, si no saben ahorrar este dolor al corazon, si no pueden salvar la vida á un niño, á un sér que no ha hecho mal á nadie, que no ofende á ninguno, que es la sonrisa, y es la luz, y es el perfume de la casa?

Y el doctor escribe, escribe. ¿Qué medicina le mandará? ¿Volverá á martirizar su carne blanca con esos instrumentos espantosos?—No, ya no,—dice la madre—ya no quiero. El hijo de mi alma tuerce sus bracitos, se disloca entre esas manos duras que lo aprietan, vuelve los ojos en blanco, llora, llora mucho, ruega, grita, hasta que ya no puede, hasta que la fuerza irresistible del dolor le vence, y se queda en su cuna quieto, sin sentido y quejándose aún, en voz muy baja, de esos cuchillos, de esas tenazas, de esos garfios que le martirizan, de esos doctores sin corazon que tasajean su cuerpo, y de su madre, de su pobre madre que lo deja solo. No, ya no quiero, ya no quiero esos suplicios. Me atan á mí tambien, pero me dejan libres los oidos para que pueda oir sus lágrimas, sus quejas. Lo escucho y no puedo defenderlo: veo que lo están matando y lo consiento!

El niño duerme y el doctor escribe, escribe.— Dios mio, Dios mio, no quieras que se muera: mándame otra pena, otro suplicio: lo merezco. Pero no me lo arranques, no, no te lo lleves. ¿Qué te ha hecho?—Y Clara ahoga sus sollozos, muerde su pañuelo, quiere besarlo y abrazarlo—¡acaso esas caricias sean las últimas!—pero el pobre enfermito está dormido y su mamá no quiere que despierte.

Clara lo ve, lo ve constantemente con sus grandes ojos negros y serenos, como si temiera que, al dejar de mirarlo, se volara al cielo. ¡Cuántos estragos ha hecho en él la enfermedad! Sus bracitos rechonchos, hoy están flacos, muy flacos. Ya no se rien en sus codos aquellos dos hoyuelos tan graciosos, que besaron y acariciaron tantas veces. Sus ojos,—negros como los de su mamá—están agrandados por las ojeras, por esas pálidas violetas de la muerte. Sus cabellos rubios le forman como la aureola de un santito.

—¡Dios mio, Dios mio, no quiero que se muera!

Bebé tiene cuatro años. Cuando corre parece que se va á caer. Cuando habla, las palabras se empujan y se atropellan en sus labios. Era muy sano: Bebé no tenia nada: Pablo y Clara se miraban en él y se contaban por la noche sus travesuras y sus gracias, sin cansarse jamás. Pero una tarde Bebé no quiso corretear por el jardin, sintió frio; un dolor agudo se clavó en sus sienes y le pidió á su mamá que lo acostara. Bebé se acostó esa tarde y todavía no se levanta. Ahí están á los piés de la cama, y esperándole, los botincitos que todavía conservan en la planta la arena humedecida del jardin.

El doctor ha acabado de escribir, pero no se va. Pues qué ¿le ve tan malo? El lacayo corre á la botica.

—¡Doctor, doctor, mi niño va á morirse!

El médico contesta en voz muy baja:

—Cálmese vd., que no despierte el niño.

En ese instante llega Pablo. Hace quince minutos que salió de esa alcoba y le parece un siglo. Ha venido corriendo como un loco. Al torcer la esquina no quiso levantar los ojos, por no ver si el balcon estaba abierto. Llega, mira la cara del doctor y las manos enclavijadas de la madre; pero se tranquiliza: el ángel rubio duerme aún en su cuna—¡no se ha ido! Un minuto despues, el niño cambia de postura, abre los ojos poco á poco, y dice con una voz que apénas suena:

—¡Mamá! ¡Mamá!......

—¿Qué quieres, vida mia? ¿Verdad que estás mejor? ¡Dime qué sientes! Pobrecito mio! Trae acá tus manitas, voy á calentarlas! Ya te vas á aliviar, alma de mi alma. He mandado encender dos cirios al Santísimo. La Madre de la Luz ya va á ponerte bueno.

El niño vuelve en derredor sus ojos negros, como pidiendo amparo. Clara lo besa en la frente, en los ojos, en la boca, en todas partes. ¡Ahora sí puede besarlo! Pero en esa efusion de amor y de ternura, sus ojos, ántes tan resecos, se cuajan de lágrimas, y Clara no sabe ya si besa ó llora. Algunas lágrimas ardientes caen en la garganta del niño. El enfermito, que apénas tiene voz para quejarse, dice:

—¡Mamá, mamá, no llores!

Clara muerde su pañuelo, los almohadones, el colchon de la cunita. Pablo se acerca. Es hora ya de que él tambien lo bese. Le toca ya su turno. El es fuerte, él es hombre, él no llora. Y entretanto, el doctor que se ha alejado, revuelve la tisana con la pequeña cucharilla de oro. ¿Qué es el sabio ante la muerte? La molécula de arena que va á cubrir con su oleaje el océano.

—Bebé, Bebé, vida mia. Anímate, incorpórate. Hoy es año nuevo. ¡Ven! Aquí en tu manecita están las cosas que yo te fuí á comprar en la mañana. El cucurucho de dulces, para cuando te alivies; el aro con que has de corretear en el jardin; la pelota de colores para que juegues en el patio. Todo lo que me has pedido!

Bebé, el pobre Bebé, preso en su cuna, soñaba con el aire libre, con la luz del sol, con la tierra del campo y con las flores entreabiertas. Por eso pedia no mas esos juguetes.

—Si te alivias, te compraré una carretela y dos borregos blancos para que la arrastren.... ¡Pero alíviate, mi ángel, vida mia! ¡Quieres mejor un velocípedo? ¡Sí....? Pero ¡si te caes? Dame tus manos. ¿Por qué están frias? ¡Te duele mucho la cabeza? Mira, aquí está la gran casa de campo que me habias pedido......

Los ojos del enfermito se iluminan. Se incorpora un poco, y abraza la gran caja de madera que le ha traido su papá. Vuelve la vista á la mesilla y mira con tristeza el cucurucho de los dulces.

—Mamá, mamá, yo quiero un dulce.

Clara, que está llorando á los piés de la cama, consulta con los ojos al doctor; éste consiente, y Pablo, descolgando el cucurucho, desata los listones y lo ofrece al niño. Bebé toma con sus deditos amarillos una almendra, y dice:

—Papá, abre tu boca.

Pablo, el hombre, el fuerte, siente que ya no puede más, besa los dedos que ponen esa almendra entre sus labios, y llora, llora mucho.

Bebé vuelve á caer postrado. Sus piés se han enfriado mucho; Clara los aprieta con sus manos, y los besa. Todo inútil! El doctor prepara una vasija bien cerrada y llena de agua casi hirviente. La pone en los piés del enfermito. Este ya no habla, ya no mira, ya no se queja; nada mas tose, y de cuando en cuando, dice con voz apénas perceptible:

—¡Mamá, mamá, no me dejen sólo!

Clara y Pablo lloran, ruegan á Dios, súplican, mandan á la muerte, se quejan del doctor, enclavijan las manos, se desesperan, acarician y besan. Todo en vano! El enfermito ya no habla, ya no mira, ya no se queja: tose, tose. Tuerce los bracitos como si fuera á levantarse, abre los ojos, mira á su padre diciéndole:—¡Defiéndeme!—vuelve á cerrarlos .... ¡ay! Bebé ya no habla, ya no mira, ya no se queja, ya no tose; ya está muerto!

. . . .
. . . .

Dos niños pasan riendo y cantando por la calle:
—¡Mi año nuevo! Mi año nuevo!

eta: "Con el modernismo, la
..a en Mexico adquiere una calida...
no tenía antes." La gracia, la
lidad, la delic adeja matizan
obra ...."

la crónica, ligereza, poesía,
sugerencia

LA NOVELA DEL TRANVIA.

CUANDO la tarde se oscurece y los paraguas
se abren, como redondas alas de murciélago, lo
mejor que el desocupado puede hacer es subir al
primer tranvía que encuentre al paso y recorrer
las calles, como el anciano Víctor Hugo las reco-
rre sentado en la imperial de algun ómnibus. El
movimiento disipa un tanto cuanto la tristeza, y
para el observador nada hay más peregrino ni más
curioso que la série de cuadros vivos que pueden
examinarse en un tranvía. A cada paso, el wagon
se detiene, y abriéndose camino entre los pasajeros que se amontonan y se apiñan, pasa un paraguas chorreando á Dios dar, y detras del paraguas
la figura ridícula de algun asendereado cobrador,

calado hasta los huesos. Los pasajeros ondulan y se dividen en dos grupos compactos, para dejar paso expedito al recien llegado.

Así se dividieron las aguas del Mar Rojo para que los israelitas lo atravesaran á pié enjuto. El paraguas escurre sobre el entarimado del wagon, que, á poco, se convierte en un lago navegable. El cobrador sacude su sombrero y un benéfico rocío baña las caras de los circunstantes, como si hubiera atravesado por enmedio del wagon un sacerdote repartiendo bendiciones á hisopazos. Algunos caballeros estornudan. Las señoras de alguna edad levantan su enagua hasta una altura vertiginosa, para que el fango de aquel pantano portátil no la manche. En la çalle, la lluvia cae conforme á las eternas reglas del sistema antiguo: de arriba para abajo. Mas en el wagon hay lluvia ascendente y lluvia descendente. Se está, con toda verdad, entre dos aguas.

Yo, sin embargo, paso las horas agradablemente encajonado en esa miniaturesca arca de Noé, sacando la cabeza por el ventanillo, no en espera de la paloma que ha de traer un ramo de oliva en el pico, sino para observar el delicioso cuadro que la ciudad presenta en ese instante. El wagon, ademas, me lleva á mundos desconocidos y á regiones vírgenes. No, la ciudad de México no empieza en el Palacio Nacional, ni acaba en la calzada de la

eforma. Yo doy á ustedes mi palabra de que la
udad es mucho mayor. Es una gran tortuga que
xtiende hácia los cuatro puntos cardinales sus
atas dislocadas. Esas patas son sucias y vellu-
as, Los ayuntamientos, con paternal solicitud,
uidan de pintarlas con lodo mensualmente.

Mas allá de la peluquería de Micoló, hay un
ueblo que habita barrios extravagantes, cuyos
ombres son esencialmente antiaperitivos. Hay
ombres muy honrados que viven en la plazuela
lel Tequesquite y señoras de invencible virtud
uya casa está situada en el callejon de Salsipue-
les. No es verdad que los indios bárbaros estén
campados en esas calles exóticas, ni es tampoco
ierto que los pieles rojas hagan frecuentes excursiones á la plazuela de Regina. La mano provi-
lente de la policía ha colocado un gendarme en
cada esquina. Las casas de esos barrios no están
hechas de lodo ni tapizadas por adentro de pieles
sin curtir. Son casas habitables, con escalera y
todo. En ellas viven muy discretos caballeros, y
señoras muy respetables y señoritas muy lindas.
Estas señoritas suelen tener novios, como las que
tienen balcon y cara á la calle en el centro de la
ciudad.

*
* *

Despues de examinar ligeramente las torcidas
líneas y la cadena de montañas del nuevo mundo

por que atravesaba, volví los ojos al interior
wagon. Un viejo de levita color de almendra
ditaba apoyado en el puño de su paraguas. N
habia rasurado. La barba le crecia "cual pe
ñosa yerba entre arenales." Probablement
tenia en su casa navajas de afeitar.... ni un
seta. Su levita necesitaba aceite de bellotas.
embargo, la calvicie de aquella prenda respe
no era prematura, á ménos que admitamos la t
ría de aquel jóven poeta, autor de ciertos ver
cuya dedicatoria es como sigue:

A la prematura muerte de mi abuelita,

á la edad de 90 años.

La levita de mi vecino era ya muy mayor. E
cuanto al paraguas, vale más que no entremos
dibujos. Ese paraguas, expuesto á la intemper
debia asemejarse mucho á las banderas que l
independientes sacan á luz el 15 de Setiembr
Era un paraguas calado, un paraguas metafísic
propio para mojarse con decencia. Abierto el pa
raguas, se veia el cielo por todas partes.

¡Quién seria mi vecino? De seguro era casado,
y con hijas. ¿Serian bonitas? La existencia de esa
desventuradas criaturas, me parecia indisputable
Bastaba ver aquella levita calva, por la que habian
pasado las cerdas de un cepillo, y aquel hermoso
pantalon con su coqueto remiendo en la rodilla,

ra convencerse de que aquel hombre tenia hi-
s. Nada más las mujeres, y las mujeres de quin-
años, saben cepillar de esa manera. Las señoras
sadas ya no se cuidan, cuando están en la des-
acia, de esas delicadezas y finuras. Incuestio-
blemente, ese caballero tenia hijas. ¡Pobrecitas!
robablemente le esperaban en la ventana, más
iamoradas que nunca, porque no habian almorza-
o todavía. Yo saqué mi reloj, y dije para mis aden-
os:—son las cuatro de la tarde. ¡Pobrecillas!
Va á darles un vahido! Tengo la certidumbre de
ue son bonitas. El papá es blanco, y si estuviera
asurado no seria tan feote. Ademas, han de ser
uenas muchachas. Este señor tiene toda la fa-
ha de un buen hombre. Me da pena que esas
hiquillas tengan hambre. No habrá en la casa
iada que empeñar. ¡Como los alquileres han su-
ido tanto! ¡Tal vez no tuvieron con qué pagar la
asa y el propietario les embargó los muebles!
Mala alma! ¡Si estos propietarios son peores que
Jain!

Nada; no hay para qué darle más vueltas al asunto:—la gente pobre decente es la peor traida y la
peor llevada. Estas niñas son de buena familia.
No están acostumbradas á pedir. Cosen ajeno;
pero las máquinas han arruinado á las infelices
costureras y lo único que consiguen, á costa de
faenas y trabajos, es ropa de municion. Pasan el

dia echando los pulmones por la boca. Y lue
como se alimentan mal y tienen muchas pen
andan algo enfermitas, y el doctor asegura que
Dios no lo remedia, se van á la caida de la ho
Necesitan carne, vino, píldoras de fierro y ace
de bacalao. Pero, ¿con qué se compra todo est
El buen señor se quedó cesante desde que cayó
Imperio, y el único hijo que habria podido ser
apoyo, tiene rotas las dos piernas. No hay trabaj
todo está muy caro y los amigos llegan á cansar
de ayudar al desvalido. ¡Si las niñas se casaran!..
Probablemente no carecerán de admiradores. P
ro como las pobrecitas son muy decentes y nacie
ron en buenos pañales, no pueden prendarse d
los ganapanes ni de los pollos de plazuela. Está
enamoradas sin saber de quién, y aguardan la ve
nida del Mesías. ¡Si yo me casara con alguna de
ellas!.... ¿Por qué no? Despues de todo, en es
clase suelen encontrarse las mujeres que dan l
felicidad. Respecto á las otras, ya sé bien á qué
atenerme.

¡Me han costado tantos disgustos! Nada; lo mejor es buscar una de esas chiquillas pobres y decentes, que no están acostumbradas á tener palco
en el teatro, ni carruajes ni cuenta abierta en la
Sorpresa. Si es jóven, yo la educaré á mi gusto.
Le pondré un maestro de piano. ¿Qué cosa es la
felicidad? Un poquito de amor, un poquito de sa-

l y un poquito de dinero. Con lo que yo gano,
demos mantenernos ella y yo, y hasta el ange-
o que Dios nos mande. Nos amarémos mucho,
como la voy á sujetar á un régimen higiénico,
pondrá en poco tiempo más fresca que una ro-
Por la mañana un paseo á pié en el Bosque.
emos en un coche de á cuatro reales hora, ó en
s trenes. Despues, en la comida, mucha carne,
ucho vino y mucho fierro. Con eso y con tener
la casita por San Cosme; con que ella se vista
blanco, de azul ó de color de rosa; con el pia-
, los libros, las macetas y los pájaros, ya no ten-
é nada que desear.

> Una heredad en el bosque;
> Una casa en la heredad;
> En la casa, pan y amor....
> ¡Jesus, qué felicidad!

Ademas, ya es preciso que me case. Esta situa-
on no puede prolongarse, como dice el gran du-
ue en la "Guerra Santa." Aquí tengo una trenza
e pelo que me ha costado cuatrocientos setenta
cuatro pesos, con un pico de centavos. Yo no
de dónde los he sacado: el hecho es que los tu-
e y no los tengo. Nada; me caso decididamente
on una de las hijas de este buen señor. Así las
ico de penas y me pongo en órden. ¡Con cuál me
so? ¿con la rubia? ¿con la morena? Será mejor

con la rubia.... digo, no, con la morena. En
ya veremos. ¡Pobrecillas! ¿Tendrán hambre?

En esto, el buen señor se apea del coche y
va. Si no lloviera tanto—continué diciendo
mis adentros—le seguia. La verdad es que
suegro, visto á cierta distancia, tiene una fa
muy ridícula. ¿Qué diria, si me viera de bra
con él, la señora de Z? Su sombrero alto par
espejo. ¡Pobre hombre! ¿Por qué no le inspir
confianza? Si me hubiera pedido algo, yo le
bria dado con mucho gusto estos tres duros.
persona decente. ¿Habrán comido esas chiquill

* * *

En el asiento que ántes ocupaba el cesan
descansa ahora una matrona de treinta años.
tiene malos ojos; sus labios son gruesos y enc
nados: parece que los acaban de morder. Hay
todo su cuerpo bastantes redondeces y ning
ángulo agudo. Tiene la frente chica, lo cual
agrada porque es indicio de tontera; el pelo neg
la tez morena y todo lo demas bastante present
ble. ¿Quién será? Ya la he visto en el mismo l
gar y á la misma hora dos... cuatro... cinco..
siete veces. Siempre baja del wagon en la plaz
la de Loreto y entra á la iglesia. Sin embargo,
tiene cara de mujer devota. No lleva libro ni r
sario. Ademas, cuando llueve á cántaros, com

tá lloviendo ahora, nadie va á novenarios ni
rmones. Estoy seguro de que esa dama lee más
s novelas de Gustavo Droz que el "Menosprecio
l mundo" del padre Kempis. Tiene una mirada
e, si hablara, seria un grito pidiendo bomberos.
iene cubierta con un velo negro. De esa mane-
libra su rostro de la lluvia. Hace bien. Si el
ua cae en sus mejillas, se evapora, chirriando,
mo si hubiera caido sobre un hierro candente.
sa mujer es como las papas: no se fíen ustedes
nque las vean tan frescas en el agua: queman
lengua.

La señora de treinta años no va indudablemente
novenario. ¿A dónde va? Con un tiempo como
te, nadie sale de su casa, si no es por una grave
gencia. ¿Estará enferma la mamá de esta seño-
? En mi opinion, esta hipótesis es falsa. La se-
ra de treinta años no tiene madre. La iglesia
Loreto no es una casa particular ni un hospi-
l. Allí no viven ni los sacristanes. Tenemos, pues,
e recurrir á otras hipótesis. Es un hecho cons-
nte, confirmado por la experiencia, que á la
erta del templo, siempre que la señora baja del
agon, espera un coche. Si el coche fuera de ella,
endria en él desde su casa. Esto no tiene vuelta
hoja. Pertenece, por consiguiente, á otra per-
na. Ahora bien; ¿hay acaso alguna sociedad de
guros contra la lluvia ó cosa parecida, cuyos

miembros paguen coche á la puerta de tod
iglesias, para que los feligreses no se mojen
ro es que no. La única explicacion de esto
jes en tranvía y de estos rezos, á hora inus
es la existencia de un amante. ¿Quién será e
rido?

Debe de ser un hombre acaudalado. La s
viste bien, y si no sale en carruaje para es
nero de entrevistas es por no dar en qué
Sin embargo, yo no me atreveria á prestarl
cuenta pesos bajo su palabra. Bien puede se
gaste más de lo que tenga, ó que sea como
amigo mio, personaje muy quieto y muy tra
lo, que me decia hace pocas noches:

—Mi mujer tiene al juego una fortuna p
giosa. Cada mes, saca de la lotería quiniente
sos. ¡Fijo!—Yo quise referirle alguna anéc
atribuida á un administrador muy conocid
cierta aduana marítima. Al encargarse de
dijo á los empleados:

—Señores: aquí se prohibe ganar á la lo
Al primero que se la saque lo echo á punta

¿Ganará esta señora á la lotería? Si su m
es pobre, debe haberle dicho que esos pendi
que ahora lleva son falsos. El pobre señor i
rá joyero. En materia de alhajas solo conoc
su mujer que es una buena alhaja. Por consig
te, la habrá creido. ¡Desgraciado! ¡qué tran

á en su casa! ¿Será viejo? Yo debo conocer-
. ¡Ah!.... ¡sí!.... ¡es aquel! No; no puede
la esposa de ese caballero murió cuando el
to-cólera. ¡Es el otro! ¡Tampoco! Pero ¿á mí
me importa quién sea?
a seguiré? Siempre conviene poseer un secre-
mujer. Veremos, si es posible, al incógnito
nte. ¿Tendrá hijos esta mujer? Parece que sí.
me! Mañana se avergonzarán de ella. Tal
alguno la niegue. Ese será un horrible crí-
pero un crímen justo. Bien está; que man-
que pise, que escupa la honra de ese desgra-
o que probablemente la adora.

s una traicion; es una villanía. Pero, al fin,
hombre puede matarla, sin que nadie le culpe
e condene. Puede mandar á sus criados que
rrojen á latigazos y puede hacer pedazos al
nte. Pero sus hijos ¡pobres séres indefensos!
a pueden. La madre los abandona para ir á
rles su porcion de vergüenza y deshonra. Los
de por un puñado de placeres, como Judas á
to por un puñado de monedas. Ahora duer-
, sonríen, todo lo ignoran; están abandonados
anos mercenarias; van empezando á desamo-
e de la madre, que no los ve, ni los educa, ni
mima. Mañana esos chicuelos serán hombres
sas niñas mujeres. Ellos sabrán que su madre
una aventurera y sentirán vergüenza. Ellas

querrán amar y ser amadas; pero los homb[...]
creen en la tradicion del pecado y en el [...]
mo, las buscarán para perderlas y no querr[...]
les su nombre, por miedo de que lo pros[...]
y lo afrenten.

Y todo eso será obra tuya. Estoy tent[...]
ir en busca de tu esposo y traerle á este siti[...]
adivino cómo es la alcoba en que te aguard[...]
queña, cubierta toda de tapices, con cuatro[...]
des jarras de alabastro, sosteniendo ricas p[...]
exóticas. Antes habia dos grandes lunas [...]
muros; pero tu amante, más delicado que t[...]
quitó. Un espejo es un juez y es un testig[...]
mujer que recibe á su amante, viéndose al[...]
jo, es ya la mujer abofeteada de la calle.

Pues bien; cuando tú estés en esa tibia a[...]
y tu amante caliente con sus manos tus p[...]
entumidas por la humedad, tu esposo y yo e[...]
remos sigilosamente, y un brusco golpe te e[...]
por tierra, miéntras detengo yo la mano [...]
cómplice. Hay besos que se empiezan en la t[...]
y se acaban en el infierno.

Uu sudor frio bañaba mi rostro. Afortun[...]
mente habiamos llegado á la plazuela de L[...]
y mi vecina se apeó del wagon. Yo ví su t[...]
no tenia ninguna mancha de sangre. Nada [...]

Ho: despues de todo, ¡qué me importa que es-
ñora se la pegue á su marido! ¡Es mi amigo
¿? Ella sí que es una real moza. A fuerza de
ntrarnos, somos casi amigos. Ya la saludo.
llí está el coche; ella entra á la iglesia; ¡qué
quilo debe estar su marido! Yo sigo en el
n. ¡Parece que todos vamos tan contentos!

LA VENGANZA DE MYLORD.

Á MEMÉ.

IN haces en permanecer, óculta allá, bajo los
les castaños que sombrean tu casa, á ochen-
guas de los dramas que con alevosía y ven-
nos hace oir el Sr. Gaspar, á quien ni tú ni-
mocemos; sí, haces bien. La ciudad está tris-
o porque tú la hayas dejado, como proba-
ente te diria tu novio; la ciudad está triste
ae no puede ménos de estarlo, sin bailes, ni
lias, ni espectáculos. Tú, en cambio, respi-
l aire libre de los campos, bebes luz por to-
us poros, galopas á caballo por aquellas som-
as avenidas, que adrede dispuso Dios para
namorados, y dejas que tu pensamiento dis-
a por los países del sueño, miéntras aquí pen

samos en construir ferrocarriles y en ten
red de alambres telefónicos en el domini
lechuzas y los gatos. Cuando la tarde se
y comienzan á asomarse las estrellas—c
asoman las mujeres al balcon para mira
enamorados—tú buscas la quietud alegr
casa, abres las cartas de tus amigas, ro
faja amarilla de los periódicos, asistes men
te á nuestros teatros, y rendida por el
cio, vas al tibio lecho, llevando oculto, ei
queña bolsa de tu delantal, el pliego di
que no lees jamás delante de tus padres
abres cuidadosamente luego que corres e
jo de la alcoba, como si sospecharas que, a
lo, pueden escaparse los mil besos que tu r
manda bajo el sobre. Haces bien: oye el c
to de los pájaros, báñate en las azules on
estanque, monta el caballo blanco que c
tu mano terrones de azúcar, y lee, sentad
banqueta del jardin, los libros que te env
novela de Halévy, los versos de Coppée
tima narracion de Rosa Broughton. Sobi
no leas nada de Doña María del Pilar Sii
Marco.

Cuando pasen las lluvias de Setiembi
cielo se vista de azul pálido, despídete c
que, cuyos grandes árboles se irán queda
follaje, guarda en tu devocionario las hojas

liotropo para dárselas á tu novio, y vuel-
sa. Ya habrán pasado entónces los chu-
y los discursos oficiales. Nadie te narrará
dios dramáticos de la Independencia; po-
tir tus diez y seis sombreros nuevos en las
de Noviembre, y Grau—el judío errante
á las puertas de México. Interín, mon-
tó á caballo, caza con la escopeta que te
padrino el año nuevo, almuerza al aire li-
brme once horas diarias y no leas las no-
Doña María del Pilar Sinués de Marco.

*
* *

scribo á la hora en que la luz eléctrica se
oyendo el ruido de los últimos carruajes
ven del teatro. He tomado café—un ca-
lo por la pequeña mano de una señorita
pesar de ser bella, tiene *esprit.*—Por conte, voy á pasar la noche en vela. El nue-
ha del señor Gaspar, á quien ni tú ni yo
hos, no ha sido bastante para hacerme
ir el sueño. Imagínome, pues, que he ido
tile, te he encontrado y conversamos am-
o las anchas hojas de una planta exótica,
as toca la orquesta un wals de Métra y van
alleros al *buffet.*
I quieres, murmuremos. Voy á hablarte
mujeres que acabo de admirar en el tea-

tro. Imagínate que estás ahora en tu pl
observas á través de mis anteojos.

*
* *

Mira á Clara. Esa es la mujer que no h
do jamás. Tiene ojos tan profundos y tan
como el abra de una montaña en noche
Allí se han perdido muchas almas. De es
ridad salen gemidos y sollozos, como de
rranca en que se precipitaron fatalmente la
lleros del Apocalipsis. Muchos se han de
ante la oscuridad de aquellos ojos, espera
repentina irradiacion de un astro: quisiero
dear la noche y se perdieron.

Las aves al pasar le dicen: ¿No amas? A
tener alas. Las flores que pisa le preguntas
amas? Amor es el perfume de las almas.
pasa indiferente, viendo con sus pupilas
ro negro, frias é impenetrables, las alas de
ro, el cáliz de la flor y el corazon de los

Viene de las heladas profundidades de
che. Su alma es como un cielo sin tempes
pero tambien sin estrellas. Los que se le
can, sienten el frio que difunde en torno
una estatua de nieve. Su corazon es frio
una moneda de oro en dia de invierno.

*
* *

¿Quién es la esbelta rubia que sonríe en
palco? Es un patron de modas recortado.

te no han pasado nunca las alas blancas de pensamientos buenos, ni las alas negras de pensamientos malos. Sus amores duran lo que rviente espuma del champagne en la orilla a copa. Jamás permitiria que un hombre la ra con sus brazos: no quiere que se ajen y rreglen sus listones. ¿Queires saber cómo es ima? Figúrate una muñeca hecha de encaje co, con plumas de faisan en la cabeza y ojos iamante. Cuando habla, su voz suena como ugiente falda de una túnica de raso, rozan- os peldaños marmóreos de una escalinata. No dónde tiene el corazon. Jamás se lo pregun- u modista.

***

sa grave matrona expende esposas. Tiene mu- existencia.

***

onvierte ahora tus miradas á la platea que frente á nosotros. Una mujer, divinamente nosa, la ocupa. Quién es? Sus grandes ojos verdes, velados por uísimas pestañas negras, tiemblan de efusion ndo se fijan en el cielo, como si estuvieran morados de los luceros. Sus manos esgrimen banico, como si quisieran adiestrarse en la ima del puñal. Créelo: esa mujer, es capaz

de matar al hombre que la engañe. Sus lab
entreabren suavemente para dar salida al
so de alma que hay en ella.

Tras las varillas flexibles del corsé, su co
late cadenciosamente; ¡pobre niño que golpe
su manecita una muralla!

¡Cuántos años tiene? Ha cumplido veintic
no sé cuántas semanas, meses ó años hace.
do niña, una pordiosera que acostumbraba á
la buenaventura, le predijo que el hombre á
amara seria espantosamente desgraciado. S
rido—un banquero—es muy feliz. Alicia—
llama—está rodeada siempre de cortejos pr
tuosos y enamorados fátuos. Cuando va d
seo, diríase que es un general pasando rev
sus soldados, que presentan las armas. Ell
riente, gozando en las pasiones que inspir
participar de ellas, asoma su cabeza de Joc
por la portezuela del cupé y saluda con la
enguantada ó con el abanico, á los plató
adoradores de su cuerpo. El hombre á quie
luda con los ojos, no es conocido aún.

¿Será honrada? ¿Será honesta? Las muje
miran con desprecio y los hombres la cort
Nadie podria decir quién es su amante ó qui
ha sido; pero todos tienen la certidumbre d
alguno lo será. La lotería no se hace aún: e
mero que ha de obtener el gran premio, du

el globo, confundido con los otros: puede ser
le aquel, puede ser el mio, pero es alguno. La
la está preparada para el pájaro: en la mesi-
le sándalo donde Alicia toma el té, hay dos
as. Un necio diria que alguna es la taza del
ante. Falso! Es la taza del marido. Cuando
amante llegue,—Alicia y él beberán en la mis-
taza, como Paola y Francesca leian en el mis-
libro. Despues la harán pedazos ó la arroja-
al mar—como el rey de Thulé!

El Galeoto social no yerra tan á menudo co-
algunos creen. Lo que sucede es que se an-
pa á la verdad. Es como las mujeres que co-
en el amor que han inspirado, media hora án-
de que el hombre se dé cuenta de que existe.
i buque sale del puerto lleno de mercancías y
ajeros: el cielo está muy azul, sin un solo
ato negro. Pasan los dias y las semanas, sin
i llegue á los oidos de nadie la noticia de un
poral ó de una borrasca. Y sin embargo, cier-
lia, sin que se sepa cómo ni por qué, se es-
ce la voz de que aquel barco ha naufragado.
ién lo dice? Todos. ¿Quién recibió la fatal nue-
Nadie. Quince dias despues, se sabe la es-
tosa verdad, y los periódicos refieren porme-
los horribles detalles del naufragio.
Una mujer es fiel á su marido. Nadie puede
usarla de adulterio. Vive, como Penélope, en

su hogar. Desecha con altivez á los que solíc
su cariño. Pero el Galeoto, que mira y prevé
do, murmura entre dos cuadrillas, bajo las
chas hojas de una planta exótica erguida s
rico tibor chino: esa mujer tiene un amante
no es verdad; pero un dia, una semana, un
despues, la mujer tiene un amante. El Gal
se equivoca nada más en la conjugacion del
bo: debia haber dicho: *tendrá.*

Y la esposa no falta á su deber, porque el m
do lo dice; como el barco no perece porqu
gente vaticina el naufragio. Así, el mundo d
que Alicia es desleal, y en torno de ella se a
pan los cazadores en vedado, como los náu
gos hambrientos en la balsa de la Medusa.
Alicia no ama á ninguno: guarda su tesoro y
quiere despilfarrarlo como pródiga.

Mas hé aquí que una noche llega al salo
Alicia un jóven soñador, y le dice al oido:

—¡Cómo se parece usted á mi primera no
Ella era baja de estatura, usted es alta; ella
morena, usted es rubia; ella tenia los ojos neg
los de usted son verdes; pero yo la amaba
amo á usted, y en esto se parecen.

Dos horas despues, Alfredo era amante
Alicia. El huésped prometido habia llegado
banquero continuaba siendo muy feliz.

Ayer, miéntras el marido terminaba su co

dencia, Alicia salió en el cupecito azul tira-
por dos yeguas color de ámbar. Los pocos
sos que desafiaban la lluvia en la calzada,
on que el cupecito proseguia su marcha rum-
á Chapultepec. ¿Qué iba á hacer? Los gran-
ahuehuetes, moviendo sus cabezas canas, se
ian en voz baja el secreto. Las yeguas trota-
y el coche se perdió en la avenida más um-
sa y más recóndita del bosque. Alfredo abrió
ortezuela, y tomó asiento junto á la hermosa
iciada. Llovia mucho. Quizá para impedir
el agua entrase, mojando el trage de Alicia,
ró Alfredo cuidadosamente las persianas. Si
uno erraba á tales horas por el bosque, pudo
ir para sus adentros: ¿quiénes irán dentro del
é? Afortunadamente, cada vez arreciaba más
luvia y solo un pobre trabajador, oculto en
entrada oscura de la gruta, pudo ver el cu-
que continuaba paso á paso su camino, su-
ndo por la rampa del castillo. Las ancas de
yeguas, lavadas y bruñidas por la lluvia, pa-
ian de seda color de oro.

El trabajador, dejando á un lado los costales
e rebosaban hebras de heno, asomó la cabeza
a mirar cómo subia el carruaje hasta las re-
del castillo. Allí se detuvo: los amantes se
earon y torcieron sus pasos rumbo á los corre-
res, mudos y desiertos. Un hombre, cuidado-

samente recatado, habia subido al propio tien
Luego que hubo llegado al sitio en donde qu
ba el cupé vacío, bajó el embozo de su ca
hizo una señal imperativa al cochero, que, y
do el rostro del desconocido, se puso pálido
mo la cera. Bajó luego del pescante, y tras
tísimas palabras que mediaron entre ambo
quitó el carrick, para que con él se oculta
recien llegado. Media hora despues, los ama
salieron del castillo; subieron al carruaje nu
mente, y Alicia, sacando su cabeza rubia po
portezuela, dijo: á casa! Las yeguas partier
galope, pero....., ¿á dónde iban? Torciend
rumbo, el cochero encaminaba el carruaje al a
mo, como si en vez de bajar por la inclinada r
pa, quisiera precipitarse desde lo alto del ce
Los amantes, que habian vuelto á cerrar las
sianas, nada veian. ¿A dónde iban? De pronto
yeguas se detuvieron, como si alguna mano
gigante las hubiera agarrado por los cascos. I
linchando miraban el abismo que se abria á
plantas. Las persianas del cupé seguian ce
das. El cochero, de pié en el pescante, azotó
yeguas; el coche se columpió un momento en
vacío y fué á estrellarse, hecho pedazos, en la
rra. No se escuchó ni un grito, ni una queja.
veinte varas de distancia, se halló el cadáver
cochero. Era el marido de Alicia.

*_**

n este instante suena la campanilla y ese
o són me vuelve á la realidad. No; no es
ia la que miro en aquel palco. Alicia duer-
ra en el camposanto. Es una mujer que se
arece mucho y que morirá tan desastrosa-
te como ella. ¡Dios confunda á los maldi-
tes! Gaspar tiene muchísima razon. La len-
mata más que los puñales. ¡Cómo se mora-
uno viendo estas comedias!
on que te he dicho ya que esa señora....

LA MAÑANA DE SAN JUAN.

Á GONZALO ESTÉVA Y CUEVAS.

POCAS mañanas hay tan alegres, tan frescas, tan azules como esta mañana de San Juan. El cielo está muy limpio "como si los ángeles lo hubieran lavado por la mañana;" llovió anoche y todavía cuelgan de las ramas—brazaletes de rocío que se evaporan luego que el sol brilla, como los sueños luego que amanece; los insectos se ahogan en las gotas de agua que resbalan por las hojas y se aspira con regocijo ese olor delicioso de tierra húmeda, que solo puede compararse con el olor de los cabellos negros, con el olor de la epidérmis blanca y el olor de las páginas recien impresas. Tambien la naturaleza sale de la alberca con el cabello suelto y la garganta descubierta;

los pájaros se emborrachan con el agua, cant**
mucho y los niños del pueblo hunden su **cara** **
la gran palangana de metal. ¡Oh mañanita de S**
Juan, la de camisa limpia y jabones perfumad**
yo quisiera mirarte léjos de estos calderos en q**
hierve grasa humana; quisiera comtemplarte **
aire libre, allí donde apareces vírgen todavía, co**
los brazos muy blancos y los rizos húmedos! Al**
eres vírgen: cuando llegas á la ciudad, tus labi**
rojos han besado mucho; muchas guedejas **rubia**
de tu undívago cabello se han quedado en **las** **m**
nos de tus mil amantes, como queda el vellon d**
los corderos en los zarzales del camino; **mucho**
brazos han rodeado tu cintura; traes en el **cu**
llo la marca roja de una mordida, y vienes **tamb**
leando, con trage de raso blanco todavía, pero **y**
prostituido, profanado, semejante al de **Girofl**
despues de la comida, cuando la novia **muerde su**
inmaculados azahares y empapa sus cabellos **en el**
vino! No, mañanita de San Juan, así yo **no te**
quiero! Me gustas en el campo: allí donde se **mi**
ran tus azules ojitos y tus trenzas de oro. **Bajas**
por la escarpada colina poco á poco; llamas **á la**
puerta ó entornas sigilosamente la ventana, **para**
que tu mirada alumbre el interior, y todos te reci-
bimos como reciben los enfermos la salud, los pobres la riqueza y los corazones el amor. ¿No eres
amorosa? ¿No eres muy rica? ¿No eres sana? Cuan-

rienes, los novios hacen sus eternos juramen.
¡los que padecen, se levantan vueltos á la vida;
dorada luz de tus cabellos siembra de lentejue
y monedas de oro el verde oscuro de los cam-
¡, el fondo de los rios, y la pequeña mesa de
dera pobre en que se desayunan los humildes,
¡iendo un tarro de espumosa leche, miéntras
vaca muge en el establo. ¡Ah! Yo quisiera mi-
te así cuando eres vírgen, y besar las mejillas
Ninon.... ¡sus mejillas de sonrosado terciolo
lo y sus hombros de raso blanco!

*
* *

Cuando llegas, ¡oh mañanita de San Juan! re-
erdo una vieja historia que tú sabes y que ni
ni yo podemos olvidar! ¿Te acuerdas? La ha-
mda en que yo estaba por aquellos dias, era
uy grande; con muchas fanegas de tierra sem-
adas é incontables cabezas de ganado. Allí es-
el caseron, precedido de un patio, con su fuen-
en medio. Allá está la capilla. Léjos, bajo las
mas colgantes de los grandes sauces, está la
esa en que van á abrevarse los rebaños. Vista
sde una altura y á distancia, se diria que la pre-
es la enorme pupila azul de algun gigante, ten-
do á la bartola sobre el césped. ¡Y qué honda es
presa! ¡Tú lo sabes....!
Gabriel y Cárlos jugaban comunmente en el
rdin.—Gabriel tenia seis años; Cárlos siete. Pe-

ro un dia, la madre de Gabriel y Cárlos cayó
cama y no hubo quien vigilará sus alegres co
rías. Era el dia de San Juan. Cuando empez
á declinar la tarde, Gabriel dijo á Cárlos:

—Mira, mamá duerme y ya hemos roto n
tros fusiles. Vamos á la presa. Si mamá no
ñe, la diremos que estábamos jugando en el
din. Cárlos, que era el mayor, tuvo algunos
crúpulos ligeros. Pero el delito no era tan e
me, y además, los dos sabian que la presa est
adornada con grandes cañaverales y ramos
zempazúchil. ¡Era dia de San Juan!

—Vamos!—le dijo—llevaremos un *Mon*
para hacer barcos de papel y les cortaremos
alas á las moscas para que sirvan de marine

Y Cárlos y Gabriel salieron muy quedito p
no despertar á su mamá, que estaba enferma.
mo era dia de fiesta, el campo estaba solo.
peones y trabajadores dormian la siesta en
cabañas. Gabriel y Cárlos no pasaron por la t
da, para no ser vistos, y corrieron á todo esc
por el campo. Muy en breve llegaron á la pr
No habia nadie: ni un peon, ni una oveja. C
los cortó en pedazos el *Monitor* é hizo dos bar
tan grandes como los navíos de Guatemala.
pobres moscas que iban sin alas y cautivas en
caja de obleas, tripularon humildemente las
barcaciones. Por desgracia, la víspera habian l

lo la presa, y estaba el agua un poco baja.
riel no la alcanzaba con sus manos. Cárlos,
era el mayor, le dijo:

—Déjame á mí que soy más grande. Pero Cár-
tampoco la alcanzaba. Trepó entónces sobre
retil de piedra, levantando las plantas de la
ra, alargó el brazo é iba á tocar el agua y á
ar en ella el barco, cuando, perdiendo el equi-
io cayó al tranquilo seno de las ondas. Gabriel
ó un agudo grito. Rompiéndose las uñas con
piedras, rasgándose la ropa, á viva fuerza, lo-
tambien encaramarse sobre la cornisa, ten-
ndo casi todo el busto sobre el agua Las on-
se agitaban todavía. Adentro estaba Cárlos.
súbito, aparece en la superficie, con la cara
oratada, arrojando agua por la nariz y por la
a.

—¡Hermano! ¡hermano!

—¡Ven acá! ¡ven acá! no quiero que te mueras.
Nadie oia. Los niños pedian socorro, estreme-
ndo el aire con sus gritos; no acudia ninguno.
briel se inclinaba cada vez más sobre las aguas
endia las manos.

—Acércate, hermanito, yo te estiro.
Cárlos queria nadar y aproximarse al muro de
resa, pero ya le faltaban fuerzas, ya se hundia.
pronto, se movieron las ondas y asió Cárlos una
na, y apoyado en ella logró ponerse junto del

pretil y alzó una mano: Gabriel la apretó con
manitas suyas, y quiso el pobre niño levantar
los aires á su hermano que habia sacado me
cuerpo de las aguas y se agarraba á las salien
piedras de la presa. Gabriel estaba rojo y sus
nos sudaban, apretando la blanca manecita
hermano.

—¡Si no puedo sacarte! ¡Si no puedo!

Y Cárlos volvia á hundirse, y con sus ojos n
gros muy abiertos le pedia socorro!

—¡No seas malo! ¿Qué te he hecho? Te daré n
cajitas de soldados y el molino de marmaja que
gustan tanto. Sácame de aquí!

Gabriel lloraba nerviosamente, y estirando n
el cuerpo de su hermanito moribundo, le decia

—No quiero que te mueras! ¡Mamá! ¡Mam
No quiero que se muera!

Y ambos gritaban, exclamando luego:

—¡No nos oyen! ¡No nos oyen!

—¡Santo ángel de mi guarda! ¿Por qué no n
oyes?

Y entretanto, fué cayendo la noche. Las ve
tanas se iluminaban en el caserío. Allí habia p
dres que besaban á sus hijos. Fueron saliendo l
estrellas en el cielo. Diríase que miraban la tr
gedia de aquellas tres manitas enlazadas que n
querian soltarse, y se soltaban! Y las estrellas n

odian ayudarles, porque las estrellas son muy
fas y están muy altas!

Las lágrimas amargas de Gabriel caian sobre
cabeza de su hermano. Se veian juntos, cara á
ura, apretándose las manos, y uno iba á morirse!

—Suelta, hermanito, ya no puedes más; voy á
iorirme.

—Todavía no! Todavía no! ¡Socorro! ¡Auxilio!

—Toma! voy á dejarte mi reloj. Toma, hermaito!

Y con la mano que tenia libre sacó de su bolillo el diminuto reloj de oro, que le habian realado el Año Nuevo! ¡Cuántos meses habia penido sin descanso en ese pequeño reloj de oro! El
ia en que al fin lo tuvo, no queria acostarse.
'ara dormir, lo puso bajo su almohada. Gabriel
iiraba con asombro sus dos tapas, la carátula
lanca en que giraban poco á poco las manecitas
egras y el instantero que, nerviosamente, corria,
orria, sin dar jamás con la salida del estrecho
írculo. Y decia:—Cnando tenga siete años, como
Járlos, tambien me comprarán un reloj de oro!—
Jo, pobre niño; no cumples aún siete años y ya
ienes el reloj. Tu hermanito se muere y te lo
leja. ¿Para qué lo quiere? La túmba es muy osura, y no se puede ver la hora que es.

—Toma, hermanito, voy á darte mi reloj; toma,
iermanito!

Y las manitas ya moradas, se aflojaron, y l
bocas se dieron un beso desde léjos. Ya no teni
los niños fuerza en sus pulmones para pedir :
corro. Ya se abren las aguas, como se abre la m
chedumbre en una procesion cuando la Hos
pasa. Ya se cierran y solo queda por un segun
sobre la onda azul, un bucle lácio de cabellos ı
bios!

Gabriel soltó á correr en direccion del caser
tropezando, cayendo sobre las piedras que lo l
rian. No digamos ya más: cuando el cuerpo
Cárlos se encontró, ya estaba frio, tan frio, q
la madre, al besarlo, quedó muerta!

*
* *

¡Oh mañanita de San Juan! Tu blanco tr
de novia tiene tambien manchas de sangre!

EN EL HIPODROMO.

———

ᴇS imposible separar los ojos de esa larga pista,
ι donde los caballos de carrera compiten, mara-
llándonos con sus proezas. Yo sé de muchas
ιmas que han reñido con sus novios, porque és-
ιs, en vez de verlas preferentemente y admirar-
ιs, fijaban su atencion en los ardides de los jo-
ᴄeys y en la traza de los caballos. Y sé, en cam-
ιo, de otro amigo mio, que absorto en la contem-
lacion de unas ·medias azules, perfectamente
ιstiradas, perdió su apuesta por no haber obser-
ado, como debia haberlo hecho desde ántes, las
ondiciones en que iba á verificarse la carrera.
ᵉero esta manía hípica no cunde nada más entre
os dueños de caballos y los apostadores, ávidos

de lucro; se extiende hasta las damas, que t
bien siguen, á favor del anteojo, los episodi
las peripecias de la justa; y que apuestan. co
nosotros apostamos y emplean en su conversa
los agrios vocablos del idioma hípico, erizad
puntas y consonantes agudísimas. Los gala
y los cortejos van á apostar con las señoras
ofrecen una caja de guantes ó un estuche de
fumes, en cambio de la pálida camelia que
marchita en los cabellos de la dama ó del coq
to alfiler de oro que detiene los rizos en la nu
El breve guante de cabretilla paja que aprisio
una mano marfilina, bien vale todos los jarro
de Sévres que tiene Hildebrand en sus lujosos
macenes y todas las delicadas miniaturas que t
za el pincel-Daudet de Casarin. Yo tengo en
cofre azul de mis recuerdos uno de esos guante
¿De quién era? Recuerdo que durante much
dias fué conmigo, guardado en la cartera, y du
mió bajo mi almohada por las noches. ¿De quié
era? ¡Pobre guante! Ya le faltan dos botones
tiene un pequeñito desgarron en el dedo meñique
Huele á rubia.

*
* *

La arena del Hipódromo ha recibido ya tam
bien su bautismo de sangre. Pero ¿quién piens
durante la animacion de las carreras, en esos tri
tes lances de tragedia? El caballo pasea con arro

icia dentro de la pista, como una hermosa en el
in del baile. Sabe que es arrogante y sabe que
diran. Y el caballo puede matar á su ginete
el steeple chase, como la dama, por casta y
gelical que os parezca, puede tambien poner en
estra mano el vibrante florete del duelista ó el
wólver del suicida. Todo amor da la muerte.
Nosotros acariciamos la crin sedosa del caba-
, ó nos dormimos á la sombra de una tupida
bellera negra, como la Africana bajo la fronda
rfida del manzanillo. Tus piernas son nervio-
s,—¡oh, caballo!—mis dedos quieren esconder-
entre tus crines, y cuándo tú, alargando el no-
e cuello, dilatas la nariz y corres, como un dardo
sparado, yo siento las palpitaciones de tu carne
te poseo y te amo, ébrio de orgullo. Bien sé que
1 uno de tus botes puedes arrojarme á distan-
as enormes, como se arroja un saco de huesos
esde lo alto de una torre. Mi cuerpo irá á caer
1 la barranca ó quedará desamparado en la lla-
ura, siendo pasto de los buitres. ¿Pero qué im-
orta? ¡yo te amo!

—Tus ojos,—¡oh, mujer!—ocultan el amor al
ropio tiempo que la muerte, porque son negros
omo la noche y en la noche reinan las pálidas
strellas y los perversos malhechores. Tus pupi-
as despiden luces frias, como flechas de acero.
Vadie ha podido sorprender los escondidos pen-

samientos que guarda tu frente impenetra
Eres el arca santa ó la terrible caja de Pand
el condor ó el gusano, la cumbre en que se
próximo al cielo ó la barranca cuyo duro s
caldean las llamas del infierno. Me han dicho
no debo quererte, y por eso te amo, como
adoraba á Cármen la gitana. El árbol traici
ro alza su copa hermosa sobre los demas: no
nidos en sus ramas; abajo está la muerte. Pu
si quiero, reposar bajo otros árboles, bajo la
cina honrada ó el nogal hospedador. Pero esos
poseen tu seduccion diabólica, ni son tan be
como tú. He corrido los campos y los bosque
cansancio me agobia; déjame, pues, dormir b
tus hojas y beber por mis poros el veneno de
muerte!

***

Mas ¿quién piensa en la caida mortal cuar
caracolea el caballo, coqueteando en la arena
turf; ni en el minuto trágico del duelo, cuando
bella peligrosa se apoya en nuestro brazo p
lanzarse al torbellino rápido del wals? Yo en l
carreras pensaba en usted, ¡oh gran dominado
y en las apuestas que habia hecho en la oficin
El juego es la suprema sensacion para aquell
que no conocen el amor, ese otro juego en que
apuesta el alma. Pero el juego, en el Hipódrom
es el juego hecho carne; la sensacion de dos m

ros; el juego con peripecias y sobresaltos; el
;o que ase á su víctima por los cabellos y la
tnpia en el espacio. ¡Qué hermosa es "Taxa-
1? Sus movimientos están ajustados á un ritmo
eícioso; la baña el sol por todas partes; anda
1o una reina de quince años en el momento de
ir al trono. "Júpiter" es el mozo arrojado que,
1o Paolo, besa en los labios á la que ama, aun
rído tenga sobre el pecho la punta del puñal
• va á matarle. ¿Y "Maretzeck?" ¿De dónde
ne ese nobilísimo extranjero? Es un nabab que
pasea en las calles de Paris. Mira con altivez
>s demás y pasa imperturbable, seguro de sí
smo y olfateando la victoria. Pero el "Aguila"
obedece á las leyes de la gravedad y parece que
1e alas adentro; y "Caracole," traveseando co-
una locuela, se burla de los demás y sabe que
iguno podrá disputarle el triunfo. Parten ya:
"Halcon" sale disparado como una enorme pie-
1 negra arrojada por la honda de un gigante, y
:ece que la pista se va enrollando delante de
como una pieza de paño gris en torno de un
indro giratorio. "Halcon" vence hasta ahora;
:o el "Aguila," que no ha querido fatigarse y
e avanza tranquila, arranca con una fuerza ex-
ιordinaria, aprovechando la fatiga del contrario
le alcanza en la curva de la pista, y le pasa, y
tre vivas y aplausos, llega á la meta, sin una

gota de sudor, altiva é impasible como el p
que, terminada su trágedia, sale al escenario
cucha los aplausos, sin agradecerlos, como no
dece el sol las miradas sumisas de los hombr

Durante la rápida competencia ¡cuántas
ciones han sentido sucesivamente los apostad
El dinero apostado en las carreras es un d
que galopa y que corre: se oye venir, monta
el caballo, como si el ginete tuviera una arr
ra de oro. Un enamorado que estaba junto
apostó al "Halcon" y le veia vencer con es
to. Habia apostado una caja de guantes y
fumes, contra el liston azul que ceñia la garg
ta de su novia. Queria perder.

En un hermoso drama de Vigny, Chattert
halla en un baile á la mujer que amaba de
léjos....

.... *Vers de terre amoureux d'une etoile!*

En el tumulto de la fiesta, ve la dama que
bian desgarrado su trage y busca un alfiler
ra prenderlo. Chattertton era pobre; pero te
un alfiler, muy rico, de brillantes, único resto
sus pasados esplendores. Esa era, casi, toda
fortuna. Se acercó á la dama y le ofreció la r
joya para que prendiese con ella su desgarra
falda.

—Caballero, no puedo recibir de un descon
çido alhaja de tal precio.

—Si es por eso, y no más—repuso Chatter-
ı—tomad.

᷿ rompiéndola vigorosamente entre sus dedos,
᷿ndió el alfiler, arrojando por la ventana los
᷿antes.

*_**

᷿o ᷿n el Hipódromo no pensaba nada más en la
᷿n domadora de mis pensamientos y en la nervio-
᷿gilidad del "Aguila." Pensaba, viendo las tri-
᷿as, en el pintor supremo de las elegancias pa-
enses, De Nittis. Hay tres pasteles de De
᷿tis que representan varios episodios de carre-
᷿. En uno (Pendant la Course), la pista no se
᷿ El pintor comprendia que los más importan-
en el turf no son los caballos sino las mujeres.
᷿ primer término, de pié sobre una silla de pa-
una mujer alta y hermosa observa la carrera.
᷿tá de perfil. Yo apostaria á que no es una mu-
᷿ honrada.

᷿Mira el match friamente, como si en él no aven-
᷿ara un solo franco suyo. Tal vez habrá apos-
᷿lo la fortuna de su amante. Largo abrigo de
᷿pa le llega casi hasta los talones, descubriendo
᷿énas la extremidad de su enagua escocesa. Los
᷿tines son de paño gris con zapatillas de cuero
᷿rnizado. No tiene breve el pié ni pequeñas las
᷿nos, que se esconden en el *manchon* de pieles,
᷿bre su cabeza un gran sombrero de terciopelo

mirto, sobre el que se destaca una camelia
ca, como una gota de leche caida de los sen
Cibeles. La escena debe pasar en Auteil y di
te las carreras de otoño. La hermosa impasibl
ne frio. Se conoce en el modo con que ata la
das de su sombrero y en el cuidado con que
ta su garganta. Junto á ella, pero en tie
puesto adrede para sostenerla en caso de un
da, está su acompañante, rígido y gallardo
los brazos cruzados sobre el pecho. Se ve la
de su trage oscuro y el tejido de su corbata. I
te uno tentaciones de pasar la mano por la
del sombrero, para ver si se eriza. En ton
distribuidos con grande arte, vénse muchos
pos de espectadores. Unos siguen con fiebr
incidentes de la carrera; otros entablan conv
ciones amorosas; pero, dominando á todos, d
en la silla de paja, con la misma altiveza de
estatua en el marmóreo pedestal, destácase la
ma rubia y pálida, impasible, severa y desde
Sus ojos no se apartan de la pista. Yo creo
con un poco de atencion se veria la carrera r
jada en sus pupilas.

En otro pastel de De Nittis, la escena re
senta un grupo en torno del brasero. El
tiene un gris mate, como si en lo alto se e
viera formando la nieve que ha de caer en el
vierno. A lo léjos se distingue la pista y el

guear confuso de los circunstantes. Un grupo
privilegiados se reune en torno del brasero,
es un cono de hierro como de metro y medio,
cuyo centro arden carbones crepitantes: las lla-
s rojas salen por los intersticios de la reja, co-
lenguas de ratones diabólicos que intentan es-
parse del infierno. Al rededor de esa *poèle* hay
uras deliciosas, cuyos contornos nadan en la
. Nadie piensa en los caballos ni atiende á las
rreras. Todòs descansan indolentemente, exten-
endo sus piernas, para calentarse al amor de la
mbre. De un personaje solo se ve el pié, bien
lzado, cuya planta lamen casi las rojizas lengües-
s del brasero. Allí está el ruso Torgueneff, un
risiense del Newskia, arropado en los anchos
iegues de su hopalanda, sobre la que nievan los
anquísimos copos de su barba. Junto á él, una
ujer, de blancura hiperbórea, le mira sonriendo
enseñando sus blancos dientes esmaltados. So-
e una silla descansa y se calienta un perro la-
ido, de esos que la implacable moda tusa á me-
as, dejando á descubierto su finísimo cútis color
 rosa subido, y la extremidad de sus piernas ra-
uíticas. Mas, la figura singularmente bella en es-
 cuadro, es la de una mujer alta y esbelta, que
poyándose en el respaldo de una silla y conser-
ando el equilibrio en solo un pié, tiende su bre-
e planta hácia la llama.

Viste un trage de terciopelo guinda osc
lleva un sombrero del mismo color, con ad
azules listados de negro y detenidos por un
rosa pluma blanca. Tuerce el cuerpo hácia
y al acercar la planta al fuego, su enagua la
tada dibuja las morbideces de la pierna. E
ancha y caida de su sombrero, le cubre una
parte de la cara; pero puede mirarse la extr
dad de la nariz correcta, cuyas ventanillas c
de rosa se estremecen, como si olfatearan b
y el corte de la barba, cuya línea ondulant
desvanece en la garganta. Por sobre la nuca
capando á la tiranía del sombrero, cae una do
trenza rubia. Yo viviria bajo esa trenza.

En el airere volotean, moviendo sus elictras
noras, los ¡Hip! ¡Hip! de los jockeys y el ¡Hu
de los apostadores gananciosos.

*
* *

Un De Nittis viajero podia encontrar en l
tribunas del Hipódromo bonito asunto para n
vos cuadros. Aquí, sin embargo, los grupos no
distribuyen de modo tan pintoresco y tan art
tico. Parece que están sujetos todos al despot
mo de la inflexible línea recta. Las señoras
alínean en las tribunas y los hombres hacen ab
jo su cuarto de centinela. Nosotros no tenem
tampoco esas fanáticas del caballo que hay e
Lóndres y en Paris. La más famosa en Franci

la condesa de**, apellidada por los periodistas
dame Bob. Nadie podria decir que ha sido su
ante, y sin embargo, el mundo no la juzga hon-
la. Posee eso que Baudelaire apellidaba, con
raordinaria precision, "la gracia infantil de los
nos." Es delgada, y cuando abrocha su casaca
recha sobre el pecho aplanado, más bien se
eria ver á un estudiante en vacaciones ó á un
key en trage de paseo.

Mme. Bob no se jacta de sus títulos, pero sí se
nagloría de sus caballos, que descienden de
adiator y Lady Tempest. Y cuentan que cuan-
vuelve de algun baile, escotada, con los ebúr-
os brazos descubiertos y abrochados los cator-
botones de sus guantes, entra á las caballeri-
s, alumbradas por el gas, y allí dilata su nariz
ra sentir el acre olor de las repletas pesebreras
lespierta los caballos y les rodea el cuello con
s brazos y los besa; y monta como una amazo-
y se deja caer entre las piernas de su yegua
vorita; y roza con su codo lustroso la madera
los bojes, y hunde sus zapatillas de raso blan-
en el estiércol; y permite que el casco de sus
ballos retozones le rasgue la crugiente seda del
stido, y que sus gruesas bocas frias le mojen la
rganta y el cabello. Luego sube á su tocador,
ie huele á azáleas y á violetas, y se lava allí, no
i las palanganas de finísimo cristal, ni en las

ánforas de plata maciza llenas de cinceladoo
arabescos, sino en el burdo cubo de madera
donde empapa una grosera esponja, prefirieo
al agua de Santa María de la Novella y al miss
Chipre, cuyo olor no puede definirse, el agua e
ra tomada en la mañana de la fuente, y con
que salpica, al zabullir sus rizos negros, los n
ros tapizados de acuarelas japonesas.

*
* *

¡El caballo! Yo comprendo las pasiones q
inspira, aun cuando sean como la salvaje pass
de Mme. Bob. Las mujeres le aman, más a
que nosotros.

> *Allons, mon intrépide,*
> *Ta cavale rapide*
> *Frappe du pied le sol;*
> *Et ton bouffon balance,*
> *Comme un soldat sa lance.*
> *Son joyeux parasol!*

¿Te acuerdas? Ya hace mucho tiempo de est
fué cuando me amabas. El aire estaba fresco co
mo si dentro de cada gota de luz fuese una got
de agua. Acabábamos de tomar en sendos tarro
—tú no quisiste que bebiera en el tuyo—la es
pumosa leche que delante de nosotros ordeña
ron. ¡Cómo reimos en esa azul mañana y cómo
recuerdo los bigotes blancos que dibujó la leche
en tu boquita! Ibamos á partir. Tu caballo relin

,ba impaciente, y tu mamá, al verle brioso, te
)licaba que no hicieras locuras. ¡Te acuerdas?
podias subir, y yo, para ayudarte, te tomé en-
mis brazos. No he podido olvidarlo. ¡Qué
ca estuvimos en ese instante y qué léjos esta-
s hoy! Despues arreglé los pliegues largos de
amazona y estreché entre mis manos tu deli-
o botincito. Tú, ruborizada, espoleaste tu ca-
lo y corriste riendo por el llano. Te alcancé.
lopamos, mucho, mucho, hácia, el lugar por
de sale el sol. Parecia que corriamos á un
endio. Los demas se habian quedado atras, y
medrosa, quisiste que los aguardáramos á la
abra de un árbol. Allí nos detuvimos. Yo pen-
a en el breve botin que ocultaba tu amazona
en tu corazoncito que habia sentido junto al
o. Y hablamos, y tu caballo color de oro se fué
rcando al mio, como si fuera á contarle algun
reto, y de repente, mi boca trémula besó los
licados bucles rubios que se erizaban en tu
ello.
¡Cómo ha corrido el tiempo! Cuando tengas
as, no dejes que ninguno las ayude á sentarse
el albardon de su caballo!

LA PASION DE PASIONARIA.

———

)MO se apena el corazon y cómo se entumece
píritu, cuando las nubes van amontonándose
l cielo, ó derraman sus cataratas, como las
des vertian sus ricas urnas! En esas tardes
es y pluviosas se piensa en todos aquellos que
on; en los amigos que particron al país de las
ras, dejando en el hogar un sillon vacío y un
o que no se llena en el espíritu. Tal parece
tiembla el corazon, pensando que el agua llo-
za se filtra por las hendeduras de la tierra, y
, como llanto, al ataud, mojando el cuerpo frio
s cadáveres. Y es que el hombre no cree ja-
en que la vida cesa; anima con la imaginacion
terpo muerto cuyas moléculas se desagregan.

y entran al torbellino del eterno cosmos, y re
á la ley ineludible de los séres. Todos, en nues
horas de tristeza, cuando el viento sopla en e
bo angosto de la chimenea, ó cuando el agua a
los cristales, ó cuando el mar se agita y embr
ce; todos, cual más, cual ménos, desandamos
la imaginacion este camino largo de la vida, y
cordando á los ausentes, que ya nunca volve
creemos oir sus congojosas voces en el quejid
la ráfaga que pasa, en el rumor del agua y en
tumbos del océano tumultuoso. El hijo piensa
tónces en su amante padre, cuyos cabellos ca
le finge la nieve, prendida en los árboles; el no
cuya gentil enamorada robó el cielo, piensa e
char su balbuceo de niña en el ruido melancó
del agua; y el criminal, á quien atenacea el rem
dimiento, cierra sus oidos á la robusta sonori
del océano, que, como Dios á Cain, le dice: ¡
dónde está tu hermano? Y nadie piensa en q
esos cuerpos están ya disyectos y en que sus
mos van, errantes y dispersos, del boton encar
do de la rosa á la carne del tigre carnicero; de
llama que oscila en la bujía á los ojos de la mu
enamorada; nadie quiere creer que solo el al
sobrevive y que la vil materia se deshace; porq
de tal manera encariñados nos hallamos con
envoltura terreñal, y tan grande es la predomi
cion de nuestros sentimientos egoistas, que, p

r derecho á imaginar que nuestros cuerpos
eternos, no consentimos en creer que la in-
ible muerte ha acabado con los demas, y, ca-
niando á Dios, prolongamos la vida hasta pa-
ι ya la orilla amarillenta en que comienzan
lominios de la muerte.

ste sentimiento es mayor en los pueblos que
ιlcanzan todavía un grado superior de civili-
on y de cultura. Los egipcios pensaban que
deudos difuntos, habian menester aún del ali-
ιto. Por eso pintaban en el interior de los se-
ιros ó hipogeos, fámulos y sirvientes, provistos
ιandejas llenas de sabrosos manjares, cacha-
henchidos de agua y grandes panes. Nuestro
blo conserva aún esa supersticion, y deposita,
ιl dia de los difuntos, en el camposanto, lo que
ιa la ofrenda.

)ias pasados, hablaba yo con una nerviosísima
ιana acerca de estos usos y costumbres. No
ιbamos solos en su habitacion; que, á haberlo
ιdo, hubiera preferido hablarla de amor. La
ιia no permitia que abandonáramos el sagrado
ιu hogar, y allí, cautivos, entreteniamos la ve-
ι con cuentos de aparecidos y resucitados.
—¿No cree usted en la trasmigracion de las al-
ι?—me decia.

Solté á reir, y oprimiendo su mano, á hur[...]
llas de los demas, la contesté:

—Cuando miro esos ojos y esa boca, creo e[...]
trasmigracion de los espíritus. Vive en uste[...]
alma de Cleopatra. ¿No es así?

Mi bella interlocutora, agradecida, desarr[...]
el ceño, contraido poco ántes por lo huraño d[...]
plática, y me dijo:

—No sé si los muertos vuelven, ni si emig[...]
las almas á otros cuerpos; pero voy á narrarle [...]
historia. Juan casó en segundas nupcias con [...]
tonia. De su primera esposa quedábale una n[...]
de siete años, á quien llamaban Rosalía sus [...]
dres, y Pasionaria los vecinos de la aldea. La p[...]
mera mujer de Juan era todo lo que se llama[...]
ángel de Dios. Paciente, sufridísima, amorosa,[...]
veia en los ojos de su marido y en el fresco p[...]
mito de la niña. Las comadres del pueblo, vie[...]
su tez pálida, sus grandes ojos, rodeados por cír[...]
los azules, y la marcada delgadez de su enferm[...]
cuerpo, decian que la mamá de Pasionaria no [...]
ria huesos viejos. Ella, alegre y resignada, e[...]
raba la muerte cantando, como aguardan las g[...]
londrinas el invierno. Cierta noche, Andrea—[...]
que tal era su nombre—se agravó mucho, tan[...]
que hubo necesidad de llamar á D. Domingo [...]
curandero. ¡Todo inútil! La pobre madre se m[...]
ria, sin que nadie pudiese remediarlo. Poco án[...]

itrar en agonía, llamó á su hija, que á la sa-
:ontaba cinco años, y le dijo:

-Rosalía: ya me voy. Yo quisiera llevarte;
el camino es muy largo y muy frio. Quédate
; tu padre te necesita y tú le hablarás de mí
que no me olvide. ¡Hasta mañana!

ndrea cerró los ojos, y Rosalía besó, llorando,
manos que parecian de nieve. ¡Hasta maña-
Es verdad: ¡mañana es el cielo!

uan era mozo todavía y se consoló á los once
es. Al año cabal, se habia casado con Anto-
Esta era mala, huraña y desconfiada. La ma-
stra—-como en el pueblo la llamaban—hizo
·ir muchísimo á la pobre niña. La trataba con
eza, solia azotarla cuando Juan no estaba en
â, y hasta llegó á quemar un dia sus manos con
)lancha caliente. Rosalía lloraba; nada más.
indo eran muchos sus padecimientos, decia en
; baja, con la cara pegada á los rincones:—
adre! ¡madrecita!

Pero la pobrecita muerta no la oia. ¡Qué pesa-
ha de ser el sueño de los muertos! Las niñas
. cortijo, viéndola tan triste, la invitaban á ju-
:. Pero ella no iba porque sus zapatitos no te-
n ya suelas y los guijarros de la calle se le en-
aban en la planta. A fuerza de zalamerías con

su marido, Antonia habia logrado enaje
el cariño de su padre. Una noche, Pasiónaria
bló de su mamá; pero esa noche la dejaron si
na y le pegaron.—¡Malhaya la madrastra!—
cian las buenas almas de la vecindad. ¡Dios qu
acordarse de la pobrecita Pasionaria!

Dios tiene buena memoria y se acordó. Cu
do nadie lo esperaba, y sin visible cambio en
conducta depravada de los padres, Pasionaria
fué reanimando, como la mecha de una lámp
cuando sube el aceite. Seguia siendo muy pál
pero sus ojos brillaban tanto como la lampar
que arde junto al Sacramento.

—¿Vas mejor, Pasionaria?

—¡Vaya que voy, como que ya me he pue
buena!

Sin embargo, un doctor que estuvo de temp
rada en el cortijo, vió á la niña y su pronóst
fué fatal. "A la caida de las hojas se nos va."

Pasionaria desmentia con su cambio este va
cinio. Pasionaria cantaba, haciendo los menes
res de la casa, siempre que Antonia, perezosa
egoista, andaba de parranda con las cortijer
Luego que la madrastra llegaba, Pasionaria e
mudecia. ¡Asi callan los pájaros cuando ven
escópeta de los cazadores! Las buenas gentes
cortijo, se decian, con grandes muestras de co
pasion, que Pasionaria estaba loca. La habí

. hablar sola en los rincones, y hasta habian
hado estas palabras:
¡**Madre!** ¡madrecita!
sionaria no estaba loca. Pasionaria hablaba
su madre. La santa mujer, que tenia una si-
e marfil y de oro cerca de los ángeles, pidió
udiencia á Dios Nuestro Señor para decirle:
Señor: yo estoy muy contenta y muy regoci-
en tu gloria, porque te estoy mirando; pero,
te enojas, voy á hablarte con franqueza. Ten-
la la tierra un pedacito de mi alma que sufre
ho, y mejor quiero padecer con ella que gozar
 Déjame ir á donde está, porque me llama
brecita y se está muriendo.
—Véte—dijo el Señor—pero si te vas, no pue-
ya volver.
—¡Adios, Señor!
a gloria, sin sus hijos, no es gloria, para una
re.
quella noche, Andrea se apareció á su hija
habló así:
—Yo te dije que volveria y aquí me tienes. De
en más no te abandonaré, tú me darás la mi-
de los mendrugos que te den por alimento, y
ndo te azoten esas malas almas, dividiremos
olor entre las dos.
Y así fué. Por eso Pasionaria estaba alegre,
que el doctor dijera que se moria. No hay, sin

3

embargo, naturaleza que resista á ese maltra
la caida de las hojas se murió, Juan, que
fondo no era tan malo, se enjugó una lágri
el señor cura se la llevó á dormir al campo
Como era natural, en cuanto Dios supo la
te, dijo á sus ángeles:

—Id á traerla, que aquí le tengo prepara
sillita baja de marfil y de oro, y un cajon
de juguetes y de dulces.

Los ángeles cumplieron el mandato, y m
hija se pusieron en camino. Pero Andrea
cerrada la puerta del cielo por desconfiada,
Pedro, llamándola aparte, para que la niña
enterase de nada, le dijo:

—Ya tú sabes lo que el amo dispuso: yo lo
to, viejita, pero el que fué á Sevilla perdió su
—Bien sabido que lo tengo. Nada más ll
la puerta para dejar allí á la niña, y que éntr
la. Ahora que va á gozar, ya no me necesit
único que pido es que me den un lugarcito
Purgatorio, con ventana para el cielo; que
modo podré verla desde allí.—San Pedro
renció con el Señor, que dió su vénia, y la
se despidió de Pasionaria.

—Madrecita, si tú no entras yo me voy
tigo.

—Calla, niña, que nada más voy por tu
y vuelvo pronto.

ronto, sí! Todavía la está esperando Pasio-
! La pobre madre está en el Purgatorio, muy
nta, viendo con el rabo del ojo á Pasionaria,
juega con los ángeles todo el dia. Dios dice
cuando llegue el juicio final, se acabará el
atorio y que entónces se salvará la buena
re. ¡Dios mio! ¿cuándo se acaba el mundo
que no estén ausentes esas pobres almas?...

LOS AMORES DEL COMETA.

E oro, así es la cauda del cometa. Viene de
s inmensas profundidades del espacio y ha deja-
 en las púas de cristal que tienen las estrellas,
uchas de sus guedejas luminosas. Las coque-
s quisieron atraparle; pero el cometa pasó impa-
ble sin volver los ojos, como Ulises por entre
s sirenas. Vénus le provocaba con su voluptuo-
 parpadeo de media noche, como si ya tuviera
eño y quisiera volver á casa acompañada. Pero
 cometa vió el talon alado de Mercurio que son-
ia mefistofélicamente, y pasó muy formal á la
istancia respetable de veintisiete millones de le-
uas. Y allí le veis. Yo creo que en uno de sus
iajes halló la estrella de nieve á donde nunca

llega la mirada de Dios, y que llaman los m
cos Infierno. Por eso trae erizos los cabellos.
visto muchas tierras, muchos cielos; sus ave
ras amorosas hacen que las siete cabrillas se
ternillen de risa, y, cuando imprima sus m
rias, vereis cómo las comprarán los planetas
leerlas á escondidas, cuidando de que no cai
en poder de las estrellas doncellitas. Tiene mu
fortuna con las mujeres: es de oro!

No me habia sido presentado. Yo, comunm
no recibo á las cuatro y treinta y dos minuto
la madrugada; y ese gran noctámbulo deja su
banas azules muy temprano, para espiar la al
de la aurora por el ojo de la llave, luego qu
divina rubia salta de su lecho con los brazos
nudos y el cabello suelto, Su pupila de oro
por la cerradura del Oriente. Tal vez en ese
tante la aurora baja las tres gradas de ópalo
tiene su lecho nupcial, y busca, para cubrir
plantas entumidas, las pantuflas de myrthos,
los ángeles forran por dentro con plumas bla
desprendidas de sus alas. Y él la mira, la cir
da con el áureo fluido de sus ojos; la palpa co
vista; siente las blandas ondulaciones de su pe
ve cómo entorna los párpados, descubriendo
pupilas color de no me olvides, y recibe en el

las primeras gotas de rocío que van cayendo
las trenzas rubias, cuando la diosa moja su ca-
a en la gran palangana de brillantes, y aliña
,el peine de marfil su cabellera descompuesta
la almohada. El cometa está enamorado. Por
se levanta muy temprano.

Juando los diarios anunciaron su llegada, yo
lé de su existencia. Creí que era un pretexto
sol para obligarme á dejar el lecho en las pri-
pas horas matinales. El padre de la luz está
ido conmigo porque no le hago versos y por-
no me gusta su hija el alba.
La blancura irreprochable de esa mujer, me de-
pera; y desde que amo con toda el alma á una
rena, odio á las rubias y sobre todo á las ingle-
, La noche es morena.... ¡como tú! ¡Perdon!
bí haber dicho: como usted!
Pero el cometa, á pesar de estas dudas, existia.
sacerdote que va á decir su misa ántes del
a, le habia visto. No era, pues, un pretexto
hirviente sol para tenerme desvelado y ven-
se de todos mis desvíos. Los panaderos le co-
cian y salubaban. El gran viajero del espacio
aba en México.
Los graves observadores de Chapultepec no han
plegado aún sus labios, y guardan una actitud

prudente, para no comprometerse. No sab[e]
davía si ese cometa es de buena familia. Y [t]
sobradísima razon. No hay que hacer amis[tad]
con un desconocido que, á juzgar por la tra[za]
un polaco aventurero. Sobre todo, no ha[y]
fiarle dinero. ¿A qué ha venido?

La honradez del cometa es muy dudosa.
á la madrugada, del caliente camarin en que
me la aurora, y no contento aún con desho[nrar]
de este modo, espía por la cerradura de la
hasta que acaba de lavarse. Yo no sé si la
ra es casada; pero, séalo ó no, la hora á que
meta sale de su casa, no habla muy alto e[n]
de su reputacion.

El cometa no es caballero. Hace alarde [de]
bellaquerías: sale con insolencia, afrentand[o]
astros pobres con el lujo opulento de su tra[je]
sin respeto al pudor de las estrellas vírgenes;
promete la honrosa reputacion de una señor[a]
tiene vergüenza. Cuando ménos debia emb[ozarse]
en una capa.

Vanamente esperé que el gran desconocid[o]
reciera en el cielo raso de mi alcoba. Par[a]
excursionista, que no viene de Chicago, n[o]
hombres notables ni visitas de etiqueta.
pues, que esperarle en pié y armado, como

n celoso al amante de su mujer, para darle,
sar, las buenas noches. Eran las cuatro y me-
le la madrugada. Las estrellas cuchichearon
a sí, detras de los abanicos, y algo como un
me chorro de champagne, arrojado por una
te azul, se dibujó en Oriente. Era el cometa.
una, esa gran bandeja de plata en donde po-
l sol monedas de oro, se escondia, desvelada
lida, en Oeste. Los luceros y yo teniamos

un hacia noche, pero se veia confusamente.
ilencio era profundo; dormia todo, ménos el
o que se iba aclarando ya por el Oriente. Cie-
el alba, no hay pintor que te pueda robar tus
os tintes! Eres azul, pero de un azul color de
Franjas estrechas de pequeñas nubes invi-
es parecia como que aguardaban en el horizon-
pero tan vagas, tan confusas, que no habrian
visibles, si no fuera por el reflejo suavemente
rido que marcaba sus contornos, parecido á
hoja de oro envuelta en gasa trasparente. En
arte del cielo que iba invadiendo el alba, las
rellas se ahogaban en la luz naciente, como per-
caidas en el mar. Algunos luceros, más grue-
, brillaban aún con resplandor extraño, pare-
o al que tienen los diamantes. No eran ya
spas de fuego resplandeciendo sobre manto os-
o, sino fulgores de luz blanquizca relampa-

gueando sobre un lienzo apénas colorido y
luminoso. Nada hay que mejor simbolice la
ginidad. Despues de contemplar este espectá
se siente el dulce ahinco de entrar quedo,
quedo, á la caliente alcoba donde está la cu
acercándose á ella de puntillas, besar los p
dos del niño que duerme entre colchas bla
como espumas.

A poco, el enorme chorro de champagne
creciendo, como impelido por una fuerza más
tente, y apareció por fin el núcleo del cometa.
aurora salió á dejarle hasta la puerta. Pero
enamorado y atrevido, no siguió su camino h
el zenit. Le ví pararse en el dintel y clavar su
rada en el agujero de la llave. La veia! Ya
caballos blancos de la diosa se uncian al carro
marfil, y preparaban las camaristas en el pór
su carcax de rayos ígneos. El cometa no apa
ba su vista de la alcoba. ¿Estaria celoso? Las
trellas palidecian, temblando de pasion.

¡Tienes razon, oh Aurora! ¡Qué hermoso
Amale con el alma y deja que destrence tu ca
llera rubia. Las estrellas te envidian y Vénus
va en él inútilmente su mirada. ¿De dónde vien
oh celeste aventurero? Veinte millones de sig
hace que caminas, y cada dia recorres un mill

eguas. ¡Oh, si pudieras referir tus aventuras!
un resto de la nebulosa primitiva que des-
da en un número inmenso de girones, formó,
condensarse, el sol, la tierra y los demas plane-
Qué hay en esos astros, cuyos misterios no
dido sondear ni el ojo gigantesco de los te-
pios? ¿Hay corazones que aman, bocas que
an y cerebros que piensan?
Pero el cometa, eternamente mudo, no contes-
sigue espiando por el agujero de la llave.

*
* *

Qué son los cometas? Los astrónomos no saben
qué oficio tienen en la armonía del universo.
el poeta son los carros en que van las almas
una estrella á otra, esto es, de un sol á otro
La verdad es que nadie ha adivinado todavía
mpleo que tienen en la colmena inmensa del
cio. Son los inútiles, los vagos, los colibrís de
que besan en la boca á las estrellas. Su núme-
es inmenso: Keplero dice que hay más cometas
el universo que peces en las ondas de los ma-
Imagináos el hormiguear de esos delfines gi-
tescos cuyas escamas nos deslumbran á cin-
ta millones de leguas.
Muchos aman al sol. Sienten su atraccion, co-
el amante siente la mirada de su novia, y van
trazando una parábola gigante, como avalan-

chas de oro que bajan la pendiente del Inf█
Así se ama! Las mariposas van á la luz y l█
metas van al sol. Pero la luz de la bujía q█
las alas de la mariposa; y el gran Sultan, c█
el cuerpo robustísimo con armadura incande█
te, despide léjos á los cometas enamorados q█
acercan. Y vuelven á descender, como avalan█
por el infinito, clavando siempre su mirada █
gran foco de luz. Se alejan á distancias incon█
surables, como los gimnastas cuando van á█
prender una carrera, y luego se precipitan █
vez al océano de llamas que invenciblement█
atrae. Los cometas son astros que han reci█
un puntapié del sol.

La súbita aparicion de estos viajeros imp█
sos, alarma, como triste vaticinio, á los indo█
Para éstos, un cometa es el presagio de la p█
los terremotos ó la guerra. Los que ménos█
conceden, suelen atribuirles una influencia d█
siva en la temperatura y en las estaciones. █
el cometa de 1811 en Francia, vino una abun█
tísima cosecha. Sin embargo, la ciencia desm█
te formalmente estas ideas. Los cometas, sep█
dos de la tierra por enormísimas distancias,█
pueden ejercer influencia alguna en nuestra█
mósfera. Los rayos luminosos y caloríficos █

...cometas desprenden ó reflejan, son ménos in-
...que los rayos de la luna, y éstos no causan
...efecto sensible, aun concentrados en e
...los mayores lentes. Los cometas, no ejer-
...es, influencia alguna en la atmósfera te-
...ni son anuncios luminosos. Si lo fueran,
...rian aparecido cien cometas para anunciar
...ite de San Jacobo.

...vulgo, no obstante, insiste en suponer que
...nuncios providenciales de alguna calami-
...batidores de la muerte. Apénas fué visi-
...ra nosotros el cometa que hoy á todos ma-
...comenzó á circular la fatal nueva de que
...era, dando un brinco de gimnasta, habia
...o de Manila á Chiapas.

...grandes epidemias no van en aumento co-
...iensan muchos. Jenner ha matado la virue-
...Pasteur ha quitado el antifaz á muchas epi-
...as. La higiene tiene sus grandes armas para
...derse y no es hora ya de exclamar con Guy
...liac: "Morimos sin amigos y nos entierran
...raciones; el padre no visita al hijo moribun-
...caridad ha muerto y ya no existe la espe-
...a." La viruela no diezma ya las poblaciones
...peas como en la edad Média; ni los miem-
...gangrenados se desprenden del cuerpo, por
...ud de la pelagra; ni mueren doce mil perso-
...en un dia de esa terrible enfermedad que se

manifestaba por medio de copiosísimos s
y que infestó Inglaterra en el siglo XV. I
te negra, que fué á Europa del Oriente, y
aniquila las ciudades. En aquel tiempo, m
diariamente quinientos apestados en los hos
les de Paris; y el Papa tenia que bendecir en
non las aguas del Ródano, para que allí s
ran á los muertos, que no cabian ya en los
posantos.

Para mí, esa es una voz que han hecho o
los diputados suplentes, con el fin de alarm
los propietarios. Confieso paladinamente, sin
bargo, que tuve algunas horas de zozobra. Y
conozco el cólera, ese judío errante de la ti
como no conocia tampoco los cometas, esos ju
errantes del espacio. Pero el cólera existe y
ce trescientas víctimas por dia en las islas
pinas. El monstruo, no domado, se desencad
y los que no creemos en Máhoma, estamos
peligro de morir víctimas de esa epidemia
midable desarrollada por suciedad canónic
los devotos musulmanes que la fueron á visi
tumba del profeta. Afortunadamente, en est
el cometa no ha sido nuncio de la peste. ¡Ll
oh hermanos Gayosso, porque el cólera no
drá!

¡Llorad, oh hermanos Gayosso! Vosotros
presenciásteis esas epidemias, y el cólera que

ꞁeꞁte reina en Chiapas, es una indigestion
ꞁjas ꞁde plátano, complicada con átomos de

* *
*

as si el cometa no presagia ahora el desarro-
e-la epidemia, ni la contingencia de un con-
ꞁ internacional con Guatemala, sí puede cho-
n el océano oscuro del espacio con esta cás-
de nuez en que viajamos. Tal conjetura no
bsolutamente inadmisible. Hay 281 millo-
le-probabilidades en contra de esa hipótesis;
ꞁ hay una á favor. Si el choque paralizara el
imiento de traslacion, todo lo que no está pe-
ꞁ á la superficie de la tierra, saldria de ella
una velocidad de siete leguas por segundo.
enor Prats llegaria á la luna en cuatro minu-
Si el choque no hiciera mas que detener el
imiento de rotacion, los mares saldrian de
re descaradamente y cambiarian el Ecuador
s polos. ¡Qué admirable espectáculo! Los ma-
vaciándose, como platones que se voltean, so_
la tierra! El astrónomo Wiston cree y sos-
e que el diluvio fué ocasionado por el choque
un cometa: el que apareció nuevamente en
0.
ꞏodia tambien el bandolero del espacio envol-
nos en su opulenta cola de tertulia. Los come-

tas debian usár vestido alto. Por desgrac
grandes colas áureas, eterna desesperacion
actrices, tienen á las veces treinta y hasta
ta millones de leguas. Si la extremidad d
de esas colas gigantescas penetrase en nues
mosfera, cargadas como están de hidróg
carbono, la vida seria imposible en el pl
Sentiriamos primero una torpeza imponde
como si acabáramos de almorzar en el resta
de Recamier; y luego, gracias al decrecimien
ázoe, un regocijo inmenso y una terrible e
cion nerviosa, provocada por la rápida co
tion de la sangre en los pulmones y por su
circulacion en las arterias. Todos nos moriri
riendo á carcajadas! Servin abrazaria á Jo
Moreno, y García de la Cadena al general
chiga.

Pero, ¿quién piensa en ese horrible fin del
do, oh vida mia?

El olor de las rosas dura poco y el champ
se evapora en impalpables átomos, si le dej
olvidadizos en la copa. Nuestro cariño vu
donde van las notas que se pierden, gimiend
el espacio. Mañana, tú tendrás canas y yo
gas. En tus rodillas saltarán contentos tus
cuelos. Descuida: tenemos tiempo para ama

que, el amor dura muy poco. Cierra de noche
balcones para que no entre muy temprano la
impertinente de la aurora, y procura que
duerma tu prevision, para que no adivines los
desengaños y las decepciones que nos trae el por-
nir. El mundo está viejo, pero nosotros somos
venes. Cuando estés en un baile no pienses nun-
en la diana del alba ni en el frio de la salida,
que tus hombros desnudos se estremecerán,
no sintiendo el áspero contacto de un cierzo de
iciembre, y sentirás subir á tu garganta el bos-
o imprudente del fastidio. La esperma brilla,
hay mucha luz en los espejos, en los diaman-
s y en los ojos. La música retoza en el espacio,
el wals, como la ola azul de un rio aleman, arras-
a las parejas estrechamente unidas como los
ierpos de Paolo y de Francesca.

Las copas de Bohemia desbordan el vino que
a calor al cuerpo, y la boca entreabierta de la
ujer derrama esas palabras que dan calor al al-
a. El alba se espereza entretanto y piensa en le-
antarse. No pensemos en ella. Afuera sopla un
iento frio que rasga las desnudas carnes de esas
obres gentes que han pasado la noche mendigan-
o y vuelven á sus casas sin un solo mendrugo
e pan negro.

No pienses, por Dios, en la capota de pesadas
ieles que duerme, aguardándote, en el guardaro-

pa, ni en los cerrados vidrios de tu coche
del mundo y salida de un baile, todo es u...
nal de fiesta mezclado de silencio y de f...
ra en que se apagan los lustros y cada c...
ve á su casa; aquellos á dormir bajo l...
acolchonadas de su lecho, y éstos á des...
tre los cuatro muros de la tumba. La...
pavesean, lamiendo las arandelas del e...
candelabro; los pavos del buffet muestran...
das caparazones y sus vientres abiertos; ...
sicos, luchando á brazo partido con el su...
mo Jacob con el ángel, no encuentran a...
pulmones para arrojarlo por el agudo c...
ni vigor en sus flojas articulaciones para...
el arco del violin; sobre la blanca lona q...
las alfombras, hay muchas flores pisotead...
chas blondas hechas trizas; las mujeres se...
niendo ojerosas, y el polvo de arroz cae, ...
pólen de una flor, de sus mejillas; los c...
inmóviles, duermen en el pescante, envue...
ta la frente con sus carricks; este es el fin...
le, este es el fin del mundo. Pero—agu...
momento—falta el cotillon!

Restons! L'etoile vagabonde,
Dont les sages ont peur de loin,
Peut-être, en emportant le monde,
Nous laissera dans notre coin!

*_**

El cometa no viene á exterminarnos. Sigue
tando su cabellera merovingia ante la calva
petable de la luna, y continua sus aventuras
ajuanescas. Tiende á Marte una estocada y se
liza como anguila por entre los anillos de Sano. ¡Míralo! Sigue lagartijeando en el espacio,
mbardeado por las miradas incendiarias de la
a. Reposa en la silla de Casiopea y se ocupa en
uñir el coruscante escudo de Sobieski. El Pavo
al despliega el abanico de su cola para enamo-
rle y el ave indiana va á pararse en su hombro.
. Cruz austral le abre los brazos y los lebreles
archan obedientes á su lado. Allí está Orion
e le saluda con los ojos, y el fátuo Arturo vién-
se en el espejo de las aguas. Puede rizar la ca-
llera de Berenice, ó ir, ginete en la Girafa, á
rayesar el Triángulo boreal. El Leon se echa
sus piés y el Centauro le sigue á galope. Hér-
les le presenta su maza y Andrómeda le llama
n ternura. La vía láctea tiende á sus piés una
fombra blanca, salpicada de relucientes lente-
elas, y el Pegaso se inclina para que lo monte.
Pero vosotros no lo poseereis ¡oh estrellas ena-
oradas! Ya sabe que otros de sus compañeros
han perdido por acercarse mucho á los plane-
s. Como los hombres cuando se enamoran, se

han casado. Perdieron su independencia des
entónces y hoy gravitan siguiendo una cerra
curva ó una elípsis. Por eso huye y esquiva va
tras redes de oro: ¡es de la Aurora! Miradle ι
mo espía á su rubia amada, por la brillante ces
dura del Oriente. El cielo empieza á ruborizas
Ya es el dia! Las estrellas se apagan en el ci
y los ojos que yo amo se abren en la tierra!

DESPUES DE LAS CARRERAS.

———

ANDO Berta puso en el mármol de la mesa
orquillas de plata y sus pendientes de rubíes,
oj de bronce, superado por la imágen de Ga-
dormida entre las rosas, dió con su agudo
re doce campanadas. Berta dejó que sus tren-
le rubio veneciano le besaran, temblando, la
ira, y apagó con su aliento la bujía, para no
e desvestida en el espejo. Despues, pisando
sus piés desnudos los "no me olvides" de la
nbra, se dirigió al angosto lecho de madera
r de rosa, y tras una brevísima oracion, se re-
ó sobre las blancas colchas que olian á ho-
la nueva y á violeta. En la caliente alcoba se

—

escuchaban, nada más, los pasos sigilosos de l
duendes que querian ver á Berta adormecida
tic-tac de la péndola incansable, enamorada e
namente de las horas. Berta cerró los ojos,
ro no dormia. Por su imaginacion cruzaba
escape los caballos del Hipódromo. ¡Qué herm
sa es la vida! Una casa cubierta de tapice
rodeada por un cinturon de camelias blan
en los corredores; abajo, los coches cuyo bar
luciente hiere el sol, y cuyo interior, acolcho
do y tibio, trasciende á piel de Rusia y cabr
lla; los caballos que piafan en las amplias ca
llerizas y las hermosas hojas de los plátanos,
guidos en tibores japoneses; arriba, un cielo a
de raso nuevo, mucha luz, y las notas de
pájaros subiendo, como almas de cristal, por
ámbar fluido de la atmósfera; adentro, el pa
de cabello blanco que no encuentra jamás bast
tes perlas ni bastantes blondas para el arma
de su hija; la madre que vela á su cabecera, cu
do enferma, y que quisiera rodearla de algodo
como si fuese de porcelana quebradiza; los ni
que travesean desnudos en su cuna, y el es
claro que sonríe sobre el mármol del tocad
Afuera, en la calle, el movimiento de la vida,
ir y venir de los carruajes, el bullicio; y por
noche, cuando termina el baile ó el teatro, la fi
ra del pobre enamorado que la aguarda y que

satisfecho cuando la ha visto apearse de su
e ó cerrar los maderos del balcon. Mucha luz,
has flores y un trage de seda nuevo: esa es la

*
**

erta piensa en las carreras. Caracole debia
r. En Chantilly, no hace mucho, ganó un
io. Pablo Escandon no hubiera dado once
esos por una yegua y un caballo malos. Ade-
quien hizo en Paris la compra de esa yegua,
Manuel Villamil, el mexicano más perito en
cosas de esport. Berta va á hacer el próxi-
domingo una apuesta formal con su papá:
sta á *Aigle:* si pierde, tendrá que bordar
as pantuflas; y si gana, le comprarán el espejo
e tiene Madame Drouot en su aparador. El
rco está forrado de terciopelo azul y recortan-
la luna oblícuamente, bajo una guirnalda de
res. ¡Qué bonito es! Su cara, reflejada en ese
ejo, parecerá la de una hurí, que entreabiendo
rosas del paraíso, mira el mundo!
Berta entorna los ojos, pero vuelve á cerrarlos
seguida, porque está la alcoba á oscuras.
Los duendes, que ansían verla dormida para
sarla en la boca, sin que lo sienta, comienzan
odearla de adormideras y á quemar en peque-
s cazoletas granos de ópio. Las imágenes se van

esfumando y desvaneciendo en la imagina
Berta. Sus pensamientos pavesean. Ya n
Hipódromo, bañado por la resplandeciente
sol, ni ve á los jueces encaramados en su
rio, ni oye el chasquido de los látigos. De
ras quedan solamente en el cristal de su m
empañada por el aliento de los sueños: C
y su novio.

Ya todo yace en el reposo inerme;
El lirio azul dormita en la ventana;
¡Oyes? desde su torre la campana
La media noche anuncia; duerme, duer

El génio retozon que abrió para mí la
de Berta, como se abre una caja de golos
dia de año nuevo, puso un dedo en mis la
tomándome de la mano, me condujo á tr
los salones. Yo temia tropezar con algun
despertando á la servidumbre y á los d
Pasé, pues, con cautela, conteniendo el ali
casi deslizándome sobre la alfombra. A p
dar dí contra el piano, que se quejó en sí
pero mi acompañante sopló, como si hubi
apagar la luz de una bujía, y las notas ca
mudas sobre la alfombra: el aliento del gén
bia roto esas pompas de jabon. En esta
atravesamos varias salas, el comedor de

s, revestidos de nogal, salian gruesos can-
oros con las velas de esperma apagadas; los
dores, llenos de tiestos y de afiligranadas
teras; un pasadizo estrecho y largo, como un
ito, que llevaba á las habitaciones de la ser-
imbre, el retorcido caracol por donde se su-
á las azoteas y un laberinto de pequeños cuar-
llenos de muebles y de trastos inservibles.
fin, llegamos á una puertecita por cuya ce-
lura se filtraba un rayo de luz ténue. La
rta estaba atrancada por dentro, pero nada
ste al dedo de los génios, y mi acompañante,
rándose por el ojo de la llave, quitó el mo-
o que atrancaba la mampara. Entramos: allí
aba Manon, la costurera. Un libro abierto
endia sus blancas páginas en el suelo, cubier-
apénas con esteras rotas, y la vela moria lando con su lengua de salamandra los bordes
candelero. Manon leia seguramente cuando
sueño la sorprendió. Decíalo esa imprudente
que habria podido causar un incendio, ese
lúmen maltratado que yacia junto al catre de
rro y ese brazo desnudo que con el frio impu-
r del mármol, pendia, saliendo fuera del colon y por entre las ropas descompuestas. Ma-
n es bella, como un lirio enfermo. Tiene vein-
años, y quisiera leer la vida, como queria de
ña hojear el tomo de grabados que su padre

guardaba en el estante, con llave, de la b[...]
ca. Pero Manon es huérfana y es pobre[...]
verá, como ántes, á su alrededor, obedi[...]
mareras y sumisos domésticos; la han de[...]
la, pobre y enferma en medio de la vid[...]
aquella vida anterior que, en ocasiones, se[...]
toja un sueño, nada más le queda un c[...]
trasciende aún á almendra y un cabello q[...]
davía no vuelven áspero el hambre, la mis[...]
el trabajo. Sus pensamientos son como [...]
pazuelos encantados que figuran en los cu[...]
andan de dia con la planta descalza y en c[...]
pero dejad que la noche llegue y mirareis [...]
esos pobrecitos limosneros visten jubones de[...]
giente seda y se adornan con plumas de [...]
nes.

Aquella tarde, Manon habia asistido á l[...]
rreras. En la casa de Berta todos la quie[...]
la miman, como se quiere y mima á un [...]
llo, vistiéndole de lana en el invierno y d[...]
en la boca mamones empapados en leche[...]
cariños que apedrean. Todos sabian la con[...]
que habia tenido en ántes esa humilde cost[...]
y la trataban con mayor regalo. Berta le d[...]
sus vestidos viejos y solia llevarla consigo, c[...]
do iba de paseo ó á tiendas. La huérfana rec[...]
esas muestras de cariño, como recibe el p[...]
que mendiga, la moneda que una mano piad[...]

oja desde un balcon. A veces esas monedas labran.

(uella tarde, Manon habia asistido á las ca-
s. La dejaron adentro del carruaje, porque
enta bien á una familia aristocrática andar-
páseo con las criadas; la dejaron allí, por
vestido de la niña se desgarraba ó si las
s de su "capota" se rompian. Manon, pe-
á los cristales del carruaje, espiaba por
la pista y las tribunas, tal como ve una po-
ita enferma, á través de los vidrios del bal-
la vida y movimiento de los transeun-
Los caballos cruzaban como exhalaciones
el árida pista, tendiendo al aire sus cri-
erizadas. ¡Los caballos! Ella tambien habia
ocido ese placer, mitad espiritual y mitad fí-
que se experimenta al atravesar á galope una
ida enarenada. La sangre corre más aprisa
aire azota como si estuviera enojado. El
po siente la juventud y el alma cree que ha
obrado sus alas.

las tribunas, entrevistas desde léjos, le pa-
an enormes ramilletes hechos de hojas de ra-
claveles de carne. La seda acaricia como la
o de un amante y ella tenia nn deseo infini-
lo volver á sentir ese contacto. Cuando anda
mujer, su falda va cantando un himno en loor
o. ¿Cuándo podria escuchar esas estrofas? Y

veia sus manos, y la extremidad de lo
maltratada por la aguja, y se fijaba terc
en ese cuadro de esplendores y de fiestas
en la noche de San Silvestre ven los ni
bres esos pasteles, esas golosinas, esas piu
· de caramelo que no gustarán ellos y que a
los escaparates de las dulcerías. ¿Por qué
ella desterrada de ese paraíso? Su espejo
"eres hermosa y eres jóven" ¿Por qué
tanto? Luego una voz secreta se levantal
interior diciendo: "No envidies esas co
seda se desgarra, el terciopelo se chafa,
dérmis se arruga con los años. Bajo la
perficie de ese lago hay mucho lodo. T
cosas tienen su lado luminoso y su lado s
¿Recuerdas á tu amiga Rosa Thé? Pues
ese cielo de teatro tan lleno de talco y d
les y de lienzos pintados. Y el marido q
gió, la engaña y huye de su lado para co
pos de mujeres que valen ménos que ell
mortajas de seda y ataudes de palo san
en todos hormiguean y muerden los gus

Manon, sin embargo, anhelaba esos tri
esas galas. Por eso dormia soñando con
jos y con fiestas. Un galan, parecido á lo
tes caballeros que figuran en las leyenda
nas, se detenia bajo sus ventanas y trepa
una escala de seda azul llegaba hasta ell

ia fuertemente con sus brazos y bajaban des-
ues, cimbrándose en el aire, hasta la sombra
el olivar tendido abajo. Allí esperaba un caba-
o tan ágil, tan nervioso como Caracole. Y el
aballero, llevándola en brazos, como se lleva á
n niño dormido, montaba en el brioso potro que
orria á todo escape por el bosque. Los mastines
el caserío ladraban y hasta abríanse las venta-
as y en ellas aparecian rostros medrosos; los ár-
oles corrian, corrían en direccion contraria co-
o un ejército en derrota, y el caballero la apre-
aba contra el pecho, rizando con su aliento abra-
ador los delgados cabellos de su nuca.

En ese instante el alba salia fresca y perfuma-
a, de su tina de mármol, llena de rocío. No en-
res—¡oh fria luz!—no entres á la alcoba en don-
e Manon sueña con el amor y la riqueza! Deja
ue duerma, con su brazo blanco pendiente fue-
a del colchon, como una vírgen que se ha em-
riagado con el agua de las rosas. Deja que las
strellas bajen del cielo azul, y que se prendan
n sus orejas diminutas de porcelana trasparente!

LA HIJA DEL AIRE.

POCAS veces concurro al Circo. Todo espectá-
lo en que miro la abyeccion humana, ya sea
oral ó física, me repugna grandemente. Algu-
s noches hace, sin embargo, entré á la tienda
zada en la plazoleta del Seminario. Un saltim-
nco se dislocaba haciendo contorsiones grotes-
s, explotando su fealdad, su desvergüenza y su
iotismo, como esos limosneros que, para esti-
ular la esperada largueza de los transeuntes,
señan sus llagas y explotan su podredumbre.
na mujer—casi desnuda—se retorcia como una
bora en el aire. Tres ó cuatro gimnastas de her-
lea musculacion se arrojaban grandes pesos,
las de bronce y barras de hierro. ¡Cuánta de-

gradacion! ¡Cuánta miseria! Aquellos homb
habian renunciado á lo más noble que nos
otorgado Dios: al pensamiento. Con la son
del cretino ven al público que patalea, que
lla y que les estimula con sus voces. Son su
tia, su cosa. Alguna noche, en medio de ese
dondel enarenado, á la luz de las lámparas
gas y entre los sones de una mala murga, ca
desde el trapecio vacilante, oirán el grito de
rror supremo que lanzan los espectadores e
paroxismo del deleite, y morirán bañados en
propia sangre, sin lágrimas, sin piedad, sin o
ciones!

* * *

Pero lo que subleva más mis sentimientos,
la indigna explotacion de los niños. Pocas
ches hace, cayó una niña del caballo que mo
ba y estuvo á punto de ser horriblemente p
teada, ¿Recordais á la pobrecita hija del a
que vino al mismo circo un año hace? Toda
me parece estarla viendo: el payaso se revu
en la arena, diciendo insulsas gracejadas; de
proviso miro subir por el volante cable que
mina en la barra del trapecio á un sér débil,
queño y enfermizo. Es una niña. Sus delga
bracitos van tal vez á quebrarse; su cuello v
troncharse y la cabeza rubia caerá al suelo,
mo un lirio, cuyo delgado tallo tronchó el v

uántos años tiene? ¡Ay! es casi imposible
a cifra del tiempo en esa frente pálida, en
jos mortecinos, en ese cuerpo adrede defor-
! Parece que esos niños nacen viejos.
se encarama á los barrotes del trapecio: ya
nza el suplicio. Aquel cuerpo pequeño se
yunta y se retuerce; gira como rehilete, se
a de la delgada punta de los piés, y, por un
ro de equilibrio, se sostiene en el aire, dete-
por los talones diminutos que se pegan á la
movediza. A ratos, solo alcanzo á ver una
te cabellera rubia, suelta como la de Ofe-
ue da vueltas y vueltas en el aire. Diríase
la sangre huye espantada de ese frágil cuer-
ue tiene la blancura de los asfixiados y se
ia únicamente en la cabeza. El público
ade.... Ninguna mujer llora. ¡He visto llo-
tantas por la muerte de un canario!

ando acaba el suplicio, la niña baja del tra-
, y con sus retratos en la mano, comienza á
rer los palcos y las gradas. Pide una limos-
Pasa cerca de mí: yo la detengo.
¡Estás enferma?
No, pero me duele mucho....
¡Qué te duele?
Todo.

4

La luz de sus pupilas arde ténuemente, la luz de una luciérnaga moribunda. Sus dos labios se abren para dar paso á un qı que ya no tiene fuerzas de salir. Sus braci tán flacos, pálidos, exangües. Es la hija del y de la tristeza. Así, tan pálida y tan tris la niña que miré agonizar, y cuya imágen grabada para siempre en mi memoria. La cia no tiene para ella tintes sonrosados, ni j ni caricias, ni alegrías. No: no es el alma qı ne; es el alma que se va.

Dí, pobre niña: ¿qué, no tienes madre? ¿] te acaso de una pasionaria ó veniste á la en un pálido rayo de la luna? Si tuvieras n si te hubieran arrebatado de sus brazos, ell esa adivinacion incomparable que el amor n sabria que aquí llorabas y sufrias: traspasan mares, las montañas, vendria como una loc bertarte de esta esclavitud, de este suplicio no hay madres malas: es mentira. La mau la proyeccion de Dios sobre la tierra. Tú huérfana.

¿Por qué no moriste al punto de nacer? qué recorres con los piés desnudos ese dun del sufrimiento? Dí, pobre niña: ¿qué, tú r nes ángel de la guarda? Estás muy triste:

dulza tu tristeza. Estás enferma: nadie te cu-
ni te acaricia blandamente. ¡Ah! cómo envi-
arás á esas niñas felices y dichosas que te vie-
n á ver, al lado de sus padres! Ellas no han
atido cómo la récia mano de un gimnasta des-
nado quiebra los huesos, rompe los tendones y
loca las piernas y los brazos, hasta convertir-
s en morillos elásticos de trapo! Ellas no han
atido cómo se encaja en carne viva el látigo del
iestrador que te castiga. Para ellas no hay tra-
jo duro; no hay vueltas ni equilibrios en la ba-
a fija. ¡Tienen madre!

Dí, pobre niña: ¿Por qué no te desprendes del
apecio para morir siquiera y descansar? Tú, en-
rma, blanca, triste, paseas lánguidamente tu
irada. ¡Cómo debes odiarnos, pobre niña! Los
mbres—pensarás—son monstruos sin piedad,
n corazon. ¿Por qué permiten este cruentísimo
plicio? ¿Por qué no me recogen y me dan, ya
e soy huérfana, esa madre divina que se llama
santa Caridad? ¿Por qué pagan á mis verdugos
entretienen sus ocios con mis penas? ¡Ay, po-
e niña! tú no podrás quejarte nunca á nadie.
omo no tienes madre en la tierra, no conoces á
ios y no le amas. Te llaman hija del aire; si lo
eras, tendrias alas; y si tuvieras alas, volarias al
elo!

¡Pobre hija del aire! Tal vez duerme ab
la fosa comun del camposanto! La niña
de la temporada no trabaja en el trapecio
caballo. Todo es uno y lo mismo.

Oigo decir con insistencia que es preciso
ganizar una sociedad protectora de los ani
¿Quién protegerá á los hombres? Yo adm
piedad suprema, que se extiende hasta e
que va agobiado por el peso de su carga, y
cuyo vuelo corta el plomo de los cazadore
gran redencion que libra á todos los escl
emprende una cruzada contra la barbarie,
na de aprobacion y de encarecimiento. Mas
libertará á esos pobres seres que los pad
rrompen y prostituyen, á esos niños márti
ya existencia es un larguísimo suplicio,
desventurados que recorren los tres gran
fiernos de la vida:—la Enfermedad, el Ha
el Vicio!

TRAGEDIAS DE ACTUALIDAD.
(IMITACION)
EL ALQUILER DE UNA CASA.
Personajes.

L *propietario:* hombre gordo, dé buen color,
o de cuerpo, y algo retozon de carácter.

El inquilino: jóven, flaco, muy capaz de hacer
sos.

La señora: matrona en buenas carnes, aunque
poquito triquinosa.

Siete ú ocho niños, personajes mudos.

ACTO ÚNICO.

El propietario.—¿Es vd., caballero, quien de-
arrendar el piso alto de la casa?

El aspirante á locatario.—Un servidor de vd.

—¡Ah! ¡Ah! ¡Pancracia! ¡Niños! Aquí [
el señor que va á tomar la casa. *(La fa*
agrupa en torno del extranjero y lo exami
do señales de curiosidad, mezclada con una
de conmiseracion). Ahora, hijos mios, y
beis visto bien; dejadme, pues, interrogar
las.

—¿Interrogarme?

—Decid al portero que cierre bien la p
que no deje entrar á nadie. Caballero, t
asiento.

—Yo no quisiera molestar.... si está
pado....

—De ninguna manera, de ninguna m
tome vd. asiento.

—Puedo volver....

—De ningun modo. Es cuestion de brev
momentos *(mirándole).* La cara no es tan
la.... buenos ojos, voz bien timbrada...

—Me habia dicho el portero....

—¡Perdon! ¡perdon! ¡vamos por partes!
se llama vd?

—Cárlos Saldaña.

—¿De Saldaña?

—No, no señor. Saldaña á secas.

—¡Malo, malo! el *de* habria dado alguna
tincion al apellido. Si arrienda vd. mi cas
necesario que agregue esa partícula á su nom

¡Pero, señor!

Nada, nada: eso se hace todos los dias y en
ı partes; vd. no querrá negarme ese servicio.
la crédito á una casa.... Continuemos.

Tengo treinta años, soy soltero.

¡Soltero?.... ¡Todo lo que se llama soltero?
ıo soy rigorista ni maniaco: recuerdo aún
nocedades; no me disgustaria encontrar lin-
almitos en la escalera; el ruido de la seda
rae á la memoria dias mejores....... pero,
emos las conveniencias sobre todo!

·Pero, señor mio....

·Sí, sé lo que va vd. á contestarme: que esto
ıe atañe, que nadie me da vela en ese entie-
pero, mire vd., por ejemplo, me disgustaria
ntosamente que la novia de vd. fuera mo-
....

·Repito que....

·Estése vd. tranquilo, será una debilidad, yo
ınfieso, pero á mí me revientan las morenas!
puedo soportarlas. Dejemos, pues, sentado
si la casa le conviene, se obligará vd. por
ıto á que todas sus amigas sean muy rubias.
ıe vd. profesion?

-Ninguna.

-Lo celebro. Es la mejor garantía de que los
ıilinos no harán ruido.

-Me dedico á cuidar mis intereses....

—Perfectamente, ya hablaremos de eso: le
á presentar con mi abogado.

—Gracias. Tengo el mio.

—No importa, cambiará vd. en cuanto se
de á casa. Yo he prometido solemnemente i
abogado darle la clientela de mis inquilinos.
¿qué tal de salud?

—Yo, bien, ¿y vd?

· —No, no digo eso: lo que pregunto es cuí
su temperamento. ¿Es vd. linfático, sanguí
nervioso?

—Linfático.... me parece que linfático.

—¡Pues desnúdese vd!

—¿Qué....?

—Por un instante. Es una formalidad in
pensable. No quiero que mis inquilinos sean
fermos.

—Pero....

—¡Vamos! La otra manga. ¡Malo! ¡malo!
parecia vd. tan flaco. ¿Sabe vd. cuánto pesa

—No.

—El cuello es corto.... ¡Dios mio! ¡esas
nas! ¡mucho cuidado con la apoplegía!

—¿No acabaremos?

—Será preciso que vd. se comprometa for
mente á tomar una purga al principio de c
estacion. Yo indicaré á vd. la botica en que d
·omprarla.

Puedo ponerme la levita?

Espere vd. un momento. ¿No hace vd. ejer-

Doy once vueltas á la Alameda por las tar-

Eso es poco. De hoy en adelante vivirá vd.
campo tres meses cada año. Eso conviene
la buena ventilacion de las viviendas y para
se conserve en buen estado la escalera. Nos-
siempre viajamos en Otoño.

Con que habiamos dicho que treinta y cinco
3 . . . .

¿Qué?

-Confieso á vd. que la renta me parece un
tito exagerada . . . .

-Pero, hombre, ¡qué renta, ni que ocho cuar-
¡Todo se andará! vamos por partes!

-Pero . . . .

-¿Si pensara vd. que alquilarme una casa es lo
no que comprarse un pantalon? Pasa vd. por
alle, mira vd. la cédula, sube, se sienta junto
í, y apénas han pasado tres minutos cuando
pide ya las llaves. ¡Me gusta la franqueza!
r qué no me pide vd. mi bata y mis pantu-
?

—Yo ignoraba . . . .

—Se tratan por lo comun estos asuntos con una
ereza imperdonable.

—Volviendo, pues, á nuestro asunto, d
vd. que no subiré ni un real de treinta pe

—¡Caballero, ni una palabra más, ó en
vd. mis padrinos! ¡Pues no faltaba más! ¿C
vd. acaso las condiciones del arrendamiento

—No, pero yo estoy pronto á suscribirlas
pre que sean justas y racionales.

—Oiga vd.

"Art. 1º El inquilino se acostará y leva
á la misma hora que su propietario, para n
bar el reposo de este último que ocupa pro
mente el entresuelo.

"Art. 2º El inquilino vestirá invariable
trages claros para no contristar el ánimo del
pietario, si por una casualidad lo encuentra
escalera.

"Art. 3º El inquilino se asomará al balcon
veces cuando ménos en el dia, frotándose las
nos satisfecho, con el fin de acreditar el bue
den y excelente servicio de la casa."

—¿Y cuando llueva?

—Se asomará con un paraguas.... Conti
"El inquilino no entrará nunca á la casa sin f
se con cierta complacencia en los detalles d
arquitectura, ni tendrá embarazo alguno en
cer patente de viva voz, el entusiasmo qu
produce la fachada. Miéntras más gente re
será mejor.

rt. 4º El inquilino invitará á comer al due-
los los. dias 15, cuidando por supuesto de
varlo á ningun figon ó fonda de segunda

umento al art. 4º Estas comidas mensuales
ı por objeto el estrechar las amistades entre
ino y propietario. No está prohibido al in-
o el ir acompañado de su novia."
rt. 5º El inquilino saludará muy cortesmen-
u portero, que es primo por afinidad del
etario.
rt. 6º Los artistas y los literatos que vengan
tar al inquilino, subirán por la escalera de
vidumbre."
¿Ya no hay más, señor?
Quedan algunos artículos suplementarios,
aré conocer á vd. en su debido tiempo.
Pues bien, todo es muy justo y muy sensa-

..

Se me olvidaba.... ¿No es vd. mason?
No.
Pues lo siento. Mi mujer tiene vivísimos
os de conocer esos secretos....
Si vd. quiere, haré que me presenten en al-
ı logia.
Lo estimaré muchísimo.
Con que quedamos en que treinta pesos....
Dispense vd....

—¿Todavía más?

—Habia olvidado preguntarle, ¿por qué su antiguo domicilio?

—¡Yo, por nada! Porque arrojé por el ba al propietario.

———————

LAS MISAS DE NAVIDAD.

E salido á flanear un rato por las calles, y en
as partes, el fresco olor á lama, el bullicio y
lo de las plazas y la eterna alharaca de los
)s, han atado mis pensamientos á la`Noche
ena. Es imposible que hablemos de otra cosa.
; barracas esparcidas miserablemente en la
za Principal, han estado esta tarde más ani-
das que nunca. Los vendedores ambulantes
han podido fijarse un solo instante. A ca-
paso tropiezo con acémilas humanas, cargadas
pesados canastones, por cuyas orillas asoman
tendidos brazos de una rama de cedro, ó las
)ras canas del heno. A trechos, rompiendo la
notonía de aquella masa humana vestida de

guiñapos, asoma una coraza aristocrática y u
sombrero á la Devaushire. Cogido de la mano
su hermana, va un niño de tres años, miran
con ojos desmesuradamente abiertos cada cosa,
lanzando gritos de alegría, como notas perladas
cuyo revoltoso compas lleva con las carnosas ma
nos é impacientes. La luz de las hogueras y de l
hachones, llameando velozmente, comunica á l
fisonomías ese reflejo purpúreo que ilumina l
pinturas venecianas. Ahí distingo el cuerpo e
belto y elegante de la señorita C.... la reina d
la delgadez aristocrática, cubierto por un vestid
seda perla con grandes rayas negras. Lleva u
niño de la mano, y encorvando su cuerpo gracio
samente, espera que el vendedor de tostada car
y gruesas manos, llene el cesto que sostiene e
sus brazos un lacayo. Es la Diana de Juan Gou
jon en el mercado.

Una muchedumbre desarrapada circula traba
josamente por la plaza. Los gritos de los merca
chifles, que pregonan sus objetos, aturden el oido
junto con el destemplado quejar de algunos pitos,
semejante al crugido agrio y rasposo de una falda
de seda al desgarrarse. Las velas cloróticas que
alumbran las barracas, esparcen una luz amarillenta, que contrasta con el rojo radical de los hachones. De cuando en cuando se aproxima un
oche, llega, se detiene, salta el lacayo del pescan-

> abre la portezuela, cae el estribo, y un pié
>ctamente aprisionado en un botin irrepro-
le, toca el suelo. Tras de la polla que ha sal-
·primero del carruaje, y cuyo rostro estamos
duados á mirar en el palco ambulante del pa-
y en el *trois quarts* inmóvil del teatro, desden los pequeñuelos hermanitos y la mamá
se adelanta paso á paso. A una distancia res-
uosa, y colgada del brazo una canasta enor-
, viene el lacayo con su librea color de hoja
echita.

Igual animacion reina en las calles. Los cajo-
permanecen abiertos y con los aparadores ilu-
nados hasta muy entrada la noche. Apénas es
ible transitar por las aceras. Algunas amas, á
iénes la noche ha sorprendido, trotan, temien-
llegar muy tarde, por el embanquetado, tiran-
de la mano al niño perezoso que se resiste á
apeñar una carrera. Junto al cristal de cada
arador se agrupan los curiosos transeuntes, y
servan con fijeza, ya las velas microscópicas de
perma, que han agotado todos los colores del
is, ya los juguetes caprichosos y *droláticos*, ya
s cajas y obsequios de año nuevo.

El aire frio que azota nuestros rostros parece
omo que va diciendo á mis oidos: "¡anda, necio!
a noche va á ser helada; el aire congelado em-
aña los cristales; tienta las hojas del rosal, están

ya húmedas como los labios del niño cuando
ta el ubérrimo seno de la madre; cada cual
fugia en su casita, donde hay ojos azules y
lleras rubias junto al fuego: esta es la fiesta
hogar, la fiesta del abuelo, la fiesta de la esp
la fiesta de los hijos: la cena patriarcal que r
á todos bajo la tosca mesa de encino, es el
símbolo de la familia creada por el Evang
¡no oyes los gritos de alegría que se escapan
las junturas de esa persiana mal cerrada? ¡no
las llamas inquietas de las velas, perdidas, c
fuegos fátuos, en el ramaje oscuro del árbol
Noël? ¡Tristes de aquellos que corren las c
con su gaban abotonado, mirando por los res
cios de las puertas el fuego de, un hogar que
de fiesta! ¡Tristes de aquellos que no tienen
árbol de Noël!

La noche de Navidad es la noche de las re
rrecciones y de los recuerdos. Los niños, al d
mirse en sus cunas, quedan confiados en el es
ritu misterioso que bajará durante el sueño p
llenar de dulces y juguetes los botines nuev
que han dejado á propósito en la chimenea.
hada que visita estas botitas se llama en Ita
el hada Befana. En Alemania, léjos de las gra
des ciudades, en los pueblos de campesinos y b

ses, las muchachas se asoman al sonar las do-
le la noche, al pozo, cuyas aguas turbias bri-
. como una pupila enferma, para buscar, tra-
a en su superficie, la imágen de sus novios·
; aldeanas que vuelven á sus casas, despues de
la misa de la media noche, descubren casi
mpre entre la oscura fronda de los árboles, el
rpo blanco y ágil de las willis, que se entre-
i á un wals interminable. ¡La misa de la media
:he! Yo sé de una leyenda que Alphonse Dau-
; ha recogido en una de sus obras, y que hace
ir desmesuradamente los ojos á los buenos
npesinos que la escuchan con el cabello hir-
o.

Figuráos que estais en una sacristía telaraňu-
y que oís este diálogo:

—¿Dos cabritos trufados, Garrigú?
—Sí, reverendo padre, dos cabritos; dos cabri-
i llenísimos de trufas. Yo mismo he ayudado
ellenarlos. Su piel, fuertemente restirada, da-
traquidos de angustia al entrar al horno.
—Garrigú.... el sobrepelliz! ¡Dios mio! ¡Yo
e deliro por las trufas! ¿Dos cabritos, eh? ¿Y
é más?
—Lo más apetitoso y exquisito. Desde en la
ñana nos hemos ocupado solamente en desplu-

mar faisanes, pavos y pichones. Una nub
plumas, danzando por el aire, nos rodeaba
tantemente. En seguida vinieron las ang
las doradas carpas y las truchas.

—Truchas, eh? ¿y de qué tamaño?

—Inmensas, reverendo padre, enormes!

—Dios mio! Si ya parece que las veo!
¡Llenaste ya las vinajeras?

—Sí, reverendo padre, pero ese triste vin
puede compararse con el que apurareis al acab
misa, en el castillo. Si viérais en el comedor
tarros y garrafas que resplandecen, llenos
el borde de exquisito vino. Y la vajilla de
¡las fuentes cinceladas.... y las flores, los
delabros!.... Nunca! nunca puede haberse
boreado mejor cena! El señor marqués ha in
do á todos los nobles que habitan en las c
nías; cuarenta, sin contar al tabelion, llegará
la mesa. ¡Qué afortunado sois, mi reverendo
dre! Solo de haber sentido el humo de las tr
su pícaro olor me sigue por doquiera......

—Vamos, vamos, hijo mio! Dios nos pres
de la gula, y sobre todo en la noche de Navi
Enciende los cirios y da el primer toque de m
Ya falta poco para la media noche, y es pro
no atrasarse un solo instante.

Sostenian esta plática en una noche de
del año de gracia de mil seiscientos y tanto

ndo Don Balaguer, antiguo prior de los
bitas, á la sazon capellan pensionado de
os y poderosos señores de Trinquelag, y su
nte Garrigú, ó para decirlo mejor, el que
Balaguer tomaba por su ayudante Garrigú;
como más tarde se verá, el diablo habia to-
aquella noche la cara redonda y las faccio-
decisas del jóven sacristan para inducir al
ndo padre en tentacion y hacerle cometer
pecado de la gula. Así, pues, ínterin el
llamaba Garrigú, (¡hum! ¡hum!) repicaba
gua las campanas, despertando los modo-
os del feudal castillo, el reverendo termi-
de revestir su casulla en la pequeña sacris-
algo inquieto por esas tentaciones gastro-
as, y repitiendo para sus adentros, mental-
e:

os cabritos trufados! ¡Pavos! ¡Carpas! ¡Tru_
—Entretanto, el cierzo de la noche se queja-
fuera, desmoronando en el espacio la alegre
ca de las campanas. Poco á poco iban sur-
lo de la sombra, en la árida pendiente de la
taña, vagas luces que se iban aproximando á
sada fábrica feudal. Eran las familias de los
pesinos que venian á la misa de gallo en el
illo. Reunidos en grupos de seis ó siete, se
ramaban, cantando, por la ladera pedregosa,
dos por el padre que, linterna en mano, iba

alumbrando su camino. Los niños, acurrucán
se junto á las madres, se cobijaban con sus h
gadas mantas pardas. A pesar de la hora y á
sar del frio, todo aquel pueblo iba regocijad
alegrísimo, seguro de que, una vez terminad
los oficios, hallarian en la cocina del castillo
mesa que se servia todos los años. De cua
en cuando, interrumpiendo la penosa marcha,
parábanse los grupos para dejar el paso libre
alguna carroza, que precedida de cuatro bati
res, con antorcha en mano, hacia espejear
diáfanos cristales heridos por la luna. Instan
despues, un obediente mulo, que hacia repiq
tear sus cascabeles, atravesó trotando junto á
aldeanos. A la luz de las linternas, circuidas
bruma, los campesinos reconocieron al señor
calde.

—¡Buenas noches, señor alcalde!

—¡Buenas noches, buenas noches, hijos mio

La noche estaba clara; el frio avivaba el re
plandor movedizo de los astros; el cierzo raspa
duramente el cútis, y una ténue escarcha, resb
lando por los vestidos sin mojarlos, sembraba c
mo pequeñas cabezas de alfiler en las pesad
mantas de lana, y conservaba fielmente la tradi
cion de Navidad, blanca de nieve. Arriba de
montaña aparecia el castillo como el término d
aquella caminata, con su masa enorme de torr

ffones, con el campanario de su capilla gó-
, incrustándose en el azul del cielo, y con
nuchedumbre de impacientes luces, que pes-
eaban, iban y venian agitándose en todas
ventanas, semejantes, sobre el fondo som-
⸗ de aquella fábrica, á las chispas que co-
n y se alcanzan en las cenizas del papel que⸗
lo. Pasado el puente levadizo 'y la poterna,
preciso, para entrar á la capilla, atravesar el
mer patio todo lleno de carrozas, lacayos y lias, y alumbrado por el fuego de las antorchas
l rojizo resplandor de la cocina. En aquel pa-
se oia constantemente el retintin del asador,
estrépito de las cacerolas, el choque de los cris-
es y la argentería. Todos estos preparativos
la cena y el vapor tibio que llegaba á sus ol-
os, trascendiendo á carnes bien asadas y sal-
⸗ de legumbres olorosas, hacian decir á los cam-
sinos, como al señor capellan, como al alcalde:
—¡Qué bien vamos á cenar despues de misa!

Drelindin...... Drelindin!
Ya comienza la primera misa de la media no-
ie. En la capilla del castillo, toda una catedral
t miniatura, de arcos entrecruzados y raros en-
aderamientos de nogal que suben por todo lo

alto de los muros, se han desenrollado tod
tapices y encendido todos los cirios. ¡Cuánt
votos! ¡qué multitud de trages! Hé aquí pri
arrellanados en la esculpida sillería del cor
alto y poderoso señor de Trinquelag, con su
tido de tafetan salmon, acompañado de los
señores invitados. Un poco más adelante,
dilladas en grandes reclinatorios revestid
espeso terciopelo, oran devotamente la mar
viuda, con su trage de brocado color de fue
la señora jóven de Trinquelag, peinada con
torre altísima de encajes, á la última moda
corte. Más abajo se levantan enlutados, co
mejillas desprovistas de barba y sus peluc
conmensurables, el alcalde Thomas Arnoton
tabelion maese Ambroy; dos notas graves e
viadas entre las sedas deslumbrantes y el dam
espolinado. En seguida se destacan los mayo
mos, los pajes, los picadores, los intendentes, D
Barba con su manojo de llaves, colgadas e
cintura por medio de un anillo de bruñida p
Y hasta el fondo, en las bancas para el pue
los sirvientes, los campesinos, los pecheros, e
tados todavía por una multitud de marmito
que en el extremo de la capilla, junto á la pue
dé alto cancel, que á cada rato abren y cierr
vienen á oir algun versículo de los oficios y
traer no sé qué vago olor de cena á aquella ig

evestida de fiesta, y cuya atmósfera caldean
lamas rojas de los cirios.

Será la presencia de esos mandiles blancos
sa de las involuntarias distracciones del ofi-
ite? Lo cierto es que la pícara campanilla,
vida por el sacristan con una precipitacion
bólica, parece que va diciendo con voz aguda:
Vamos! Vamos! Miéntras más pronto reces,
s pronto nos sentaremos á la mesa.—Y el he-
es que cada vez que suena—¡pícara campa-
—el capellan se olvida de la misa para ya no
isar más que en la cena. Y se imagina el in-
ante movimiento que debe haber en la cocina,
hornos en donde flamea y choca el fuego de
a fragua, el humo que dejan escapar las tapa-
ras entreabiertas, y á través de ese humo mira
s cabritos magníficos, con trufas.

O bien mira pasar hilaras de vistosos pajeci-
s, llevando con prudencia platones circuidos
un humo tentador! entra con ellos al salon ya
ercibido para la fiesta y—¡oh delicia!—hé aquí
inmensa mesa, toda resplandeciente, ya carga-
con los pavos vestidos de sus plumas, los fai-
nes abriendo sus moradas alas, las botellas co-
r de rubíes, las pirámides de frutos destacán-
se entre las ramas verdes, y por último, esos
scados prodigiosos de que tanto habia hablado
arrigú (!Garrigú! ¡Garrigú.....! ¡hum.....!)

extendidos sobre un lecho de hinojo, con si
camas, nacaradas todavía, como si hubiera
lido recientemente de las ondas, y con un
llete de yerbas olorosas en su nariz de mons
Y era tan viva la vision de todas estas ms
llas, que Don Balaguer pensó por un instant
aquellos platos suculentos estaban ya ser
sobre el mantel bordado del altar, y dos (
veces, en vez del *dominus vobiscum*, dijo el.
dicite. Pero dejando á un lado estas ligeras
vocaciones, el pobre padre oficiaba confor
sus deberes, sin saltar una línea ni omitir
genuflexion. Todo fué así hasta la conch
de la primera misa.

—¡Y va una!—dijo por fin el capellan co
suspiro de alivio. Incontinenti, sin perde
minuto, hizo una seña al sacristan, ó mejo
cho, al que creia que era su sacristan, para
llamase á la segunda misa.

Drelindin! drelindin!

Y hé aquí que empieza la segunda misa y
ella el pecado de Don Balaguer.—"Más aj
más aprisa, más aprisa!"—le dice con voz t
da y agria la campana diabólica de Garrig
en esta vez, el oficiante se abandona al don
de la gula, devora las páginas del misal, co
avidez de su apetito sobreexcitado. Frend
ente se hinca, se levanta, esboza la figura

apresura todos sus gestos, todos sus movi-
:os para acabar más pronto. Apénas golpea
acho en el *Confiteor*, cuando extiende los
s en el Evangelio. Entre él y el sacristan se
ña una diabólica carrera. Versículos y res-
:as se precipitan, se atropellan. Las pala-
pronunciadas á medias, sin abrir la boca,
1e esto hubiera exigido un despilfarro inú-
3 tiempo, terminan en sílabas incomprensi-

mo vendimiadores apremiados, que magu-
la uva en los barriles, ambos estropean el
de la misa, despidiendo astillas desquebra-
s del idioma. Y durante este vértigo espan-
, la infernal campanilla, repicando siempre,
lea al desgraciado capellan, como esos casca-
s que se cuelgan á los caballos de posta para
rlos trotar cosquilleándolos. ¡Imagináos en
breves momentos terminaria la misa!
—¡Y ya van dos!—murmuró el reverendo, ja-
nte. Pero sin dejarse tiempo de respirar, con
ostro encendido, escurriendo sudor de la es-
tada frente, baja temblando las gradas del
r y....
)relindin! drelindin!
Ié aquí que empieza la tercera misa.
Jnos minutos más, y el comedor se descubre,
fin, ante sus ojos. Pero ¡ay! á medida que la

cena se aproxima, el infeliz Don Balaguer está
te más y más movido por la impaciencia loca
la gula. Las carpas doradas, los cabritos asa
están ahí; ya los toca, ya los palpa.... Los 1
tones huméan, los vinos embalsaman, y sacudi
do su cascabel aguijoneante, la campanilla d
sin descanso:—aprisa! aprisa! más aprisa!

¡Pero cómo podria ir más aprisa? Sus lab
apénas se mueven; ya no pronuncia las palab
De tentacion en tentacion, comenzó por saltar
versículo y ahora salta dos. La Epístola es de
siado larga y no la acaba. Tartamudea las pri
ras palabras del Evangelio. Suprime el Pa
Nuestro y saluda de léjos el Prefacio. Y así, ¢
brincos y con saltos, se precipita en la falta
poleado por Garrigú—*¡vade retro Satanas!*
que le secunda con prodigiosa perspicacia, lev
tándole la casulla, volteando las hojas del mi
dos á dos y cuatro á cuatro, derramando las
najeras y repicando endemoniadamente más
más aprisa.

Era de verse la cara espantadísima de los a
tentes! Obligados á seguir, guiados por la mis
del padre aquella misa, de la que no entendi
una palabra, poníanse éstos de pié cuando los
mas se arrodillaban, y en todas las fases de aq
oficio nunca visto, la muchedumbre se revol
en las bancas con diversas actitudes. La estr

Javidad, que iba avanzando por el cielo, camino
pequeño establo, palideció de espanto y de
...

¡ padre reza demasiado aprisa!—dice sin de-
arse la marquesa sacudiendo su cofia limpia y
rca. El alcalde, con los anteojos de acero ca-
yando en su nariz, busca inútilmente en su de-
ionario el pasaje que reza el sacerdote. Pero,
igor de verdad, aquellas buenas gentes, á quien
speranza de la cena aguijonea, no se enfadan
la precipitacion inexplicable de la misa, y
ndo Don Balaguer, con la cara resplandecien-
se vuelve al auditorio y exclama con todas sus
rzas: *Ite, misa est*, el coro á una voz dice: *Deo
tias*, con acento tan limpio, tan alegre, que pa-
e mezclado y confundido con los primeros brín-
. de la cena.

Cinco minutos despues, aquella muchedumbre
señores entraba á la gran sala y tomaba asien-
en torno de la mesa, presidida por el capellan.
castillo, iluminado de arriba á abajo, se pobla-
de cantos y carcajadas y rumores, y el venera-
Don Balaguer hundió su tenedor en una ala
capon, ahogando sus remordimientos con el vi-
del Papa y el sano jugo de las carnes. Tanto
mió y tanto bebió el asendereado padre, que por

la noche murió de una tremenda apoplegía
tiempo para arrepentirse, y en la mañana lle
cielo, repercutiendo aún los cantos de la fie

—Retírate, mal cristiano! le dijeron. Tu
es sobrado grande para borrar toda una vid
virtud. Pecaste diciendo indignamente la mi
la Navidad. Pues bien, en pago, no podrás
trar al Paraíso sino despues de rezar tresci
misas de Navidad, en presencia de todos aq
que contigo pecaron por tu falta!

Hé aquí la verdadera leyenda de Don Bal
tal como la relatan en el país de los olivos.
ra, el castillo de Trinquelag no existe ya, pe
capilla se conserva aún, erguida y recta, ent
ramillete de encinas verdes que coronan el
te. El viento golpea y bate la puerta desun
la yerba estorba el suelo; hay nidos en los ri
nes del altar y en las aberturas de las vent
cuyos vidrios han desaparecido desde hace m
tiempo. Sin embargo, cuentan que todos los
en la Noche Buena, una luz sobrenatural
por las ruinas; y que, yendo camino de la igl
los campesinos contemplan aquel espectro de
pilla, iluminado por cirios invisibles, que ard
la intemperie, entre los ventarrones y la ni
Sonreid, si os place; pero un vendimiador de

:ca afirma que una noche de Navidad, ha-
)se en el monte, perdido en la vecindad de
.inas, vió.... eriza los cabellos lo que vió.
ι las once, nada. Todo estaba silencioso, in-
y apagado. Pero al sonar la media noche,
ampana, olvidada tal vez en el campanario
ido, una campana vieja, ya caduca, que pa-
sonar á quince leguas de distancia, tocó á

Despues, por la pendiente del camino, el
z trasnochador vió sombras indecisas agitán-
y linternas opacas que subian. Ya cerca de
ιinas, voces salidas de gargantas invisibles,
nuraban:

Buenas noches, señor alcalde.

Buenas noches, buenas noches, hijos mios.
ιando la tropa de fantasmas penetró al in-
r de la capilla, el pobre vendimiador, que
ravo mozo, se aproximó de puntillas á la
ta, y viendo á través de los maderos rotos,
nció un raro espectáculo. Todos los fantas-
que habia visto pasar, estaban alineados en
edor del coro y en la ruinosa nave, como si
ese bancas y sillones todavía. Y habia entre
, grandes damas vestidas de brocado, con sus
ιs de encaje; caballeros repletos de bordados,
bradores de chaquetas floreadas, tales como
eron usarse en la época remota de nuestros
elos; todos con aspecto decrépito, amarillo, pol-

viento y fatigado. A cada rato. las led
huéspedes de la capilla, despertadas por l
hacian su ronda en torno de los cirios, cu
ma subia vaga y erguida como si ardies
tro de una gasa. Y era cosa de ver un pe
je, en cuya nariz acaballetada cabalgaban
anteojos de acero, moviendo á cada insta
peluca negra, sobre la que se habia parad
lechuza, batiendo en silencio sus enormes a

Allá en el fondo, un viejo de cortísima e
ra, puesto de hinojos en la mitad del coro, n
ba una campana sin badajo que ya no pro
sonido alguno, en tanto que de pié, junto
tar, revestido de una casulla cuyos dorado
ban ya verdosos, parecia decir misa un sac
cuya voz no producia rumor ninguno. En
Balaguer diciendo su tercer misa!

LOS SUICIDIOS.

.A hace pocas noches, en la ·gacetilla arle-
·sca de un periódico, la noticia de un suici-
·ecientemente acaecido. El párrafo en que
 cuenta del suceso desgraciado, mueve con
·ro las campanillas agudas del bufon; refiere
l suicidio con la pluma coqueta y juguetona
·e empleó poco ántes en referir una cena es-
·alosa ó una aventura galante de la corte; ha-
·e la muerte con el mismo donaire que usaria
 describir, en la crónica de un baile, el trage
·o de la señora de X. Trátase de una jóven
·n el primer dia de camino, se postra de fa-
·y arroja con desden el nudoso bordon que le
·rvido; de una madre que llora sin consuelo,

mirando vacío en el hogar el hueco, aun tibi
ocupaba su hijo; y todo esto se refiere sen[c]
alegremente, con la sonrisa en los labios,
reando el delgado cigarrillo que se ha en[ce]
para salir del teatro. Esta nerviosa car[c]
que no es la de Lucrecio al mofarse con [a]
sus antiguos dioses; que no es la de Lord B
al sentir rodeado su espíritu por los anillo[s]
de las víboras que devoraban el cuerpo de
conte; que no es la de Gilbert al acercars[e]
cuido de rosas, á la tumba; que no puede c[o]
rarse á nada de esto, porque no la engendr[a]
dolor ni la duda, ni el escepticismo, me p[a]
la risotada de un imbécil ante la fosa llena [de]
dáveres. Y apartando de mi vista la hoja i[n]
sa, recordé con repugnancia el *Decameron* d[e]
caccio, apareciendo en los dias de la pes[te]
Florencia.

La epidemia que ahora nos devora es m[ás]
rrible aún que la que diezmaba á los infelices
rentinos, cuando se publicó el desvergonza[do]
bro de Bocaccio. El suicidio ya no es un h[e]
aislado: es una peste. No sé qué extraña c[on]
tenacion, qué misteriosa complicidad liga e[s]
orímenes; pero no vienen sólos, el uno sigue
otro, se dan alcance, como si el suicidio fuera [u]
enfermedad contagiosa, á modo de la fiebre. [P]
cisa averiguar cuál es el Ganges que produce

iasmas ponzoñosos. En el monólogo de *Ham-*
[ue es un precioso dato sobre la idea del sui-
, en el siglo XVI, se perciben claramente los
res de la duda. Hoy al abrirse las puertas
, eternidad, no se pregunta nadie cuál podrá
il sueño de la tumba. Se muere con la son-
en los labios, paladeando las gacetillas ro-
ticas y almibaradas en que se dará cuenta
íblico del acontecimiento. Nuestro moderno
let, despues de almorzar suculentamente, no
ula el *to be or not to be,* toma el veneno, y si
anco, si es sincero, escribe á algun amigo una
, como esta que yo guardo en el más secreto
1 de mi bufete:

Jaballero: voy á matarme porque no tengo
sola moneda en mi bolsillo, ni una sola ilu-
en mi cabeza. El hombre no es mas que un
de carne que debe llenarse con dineros.
ndo el saco está vacío no sirve para na-

ace mucho tiempo, cuando yo tenia quince
, cuando temblaba al escuchar el estampido
s rayos, creia en Dios. Mi madre vivia aún,
r las noches, ántes de acostarme, hacia que
odillas en mi lecho, le rezara á la Vírgen.
lone vd. que las líneas anteriores casi vayan
adas; cuando pienso en mi madre, las lágri-
se saltan de mis ojos.

5

Todavía me parece estar mirando la cera
de mi primera comunion. Muchos dias ánt
habia estado preparando para este solemne
Yo iba por las noches á la celda de un sacé
anciano que me adoctrinaba. ¡Cuán pueril
mores solian asaltar mi pobre pensamien
esas noches! Puedo asegurar que mi conci
era entónces una página blanca, y sin emb
la idea de comulgar en pecado me aterror
Al salir por el claustro silencioso, solo alm
do á trechos por una que otra agonizante l
rilla, andando de puntillas para no oir el e
mis pasos, se me figuraba que las formas gig
de prelados y monjes, desprendidas de los
mes lienzos de la pared, iban á perseguirme, e
trando pesadamente sus mantos y sotanas.
noche—la noche en que me confesé—todos
delirios de una imaginacion enferma, des
cieron; salí regocijado de la celda, como lle
el cielo dentro de mi espíritu. Ahí estaba
prelados con sus mitras, y los monjes, ceñi
correa, calada la capucha, inmóviles y mud
los cuadros colosales del gran claustro; pe
vez de perseguirme con adusto ceño, me son
al paso cariñosamente. ¡Qué blanda noche
lla! Al amanecer del dia siguiente, me lle
imaginar que las campanas repicaban el alb
tro de mi pecho. Parece imposible, caballer

supersticion y una mentira puedan hacer
es á los hombres.

[o]y me hallo á diez mil leguas de aquel dia,
ante este paréntesis oscuro, me he dedicado
empeño y con ahinco á estudiar el gran Li-
de la Ciencia. Como una dama despues del
e, en el misterio de su tocador, iluminado por
iscreta luz de sonrosada veladora, se despoja
us adornos y sus joyas, así me he desvestido
as sencillas creencias de mi infancia. En ca-
ibro, como las ovejas en cada zarza, he ido de-
lo, desgarrado, el vellon de la fé. Y ¡es tan
te el invierno de la vida cuando no se tiene
ma sola creencia que nos cubra! Las ilusiones
la capa de la vejez,

Miéntras yo creí en Dios fuí dichoso. Sopor-
a la vida, porque la vida es el camino de la
erte. Despues de estas penalidades—me decia
iay un vacío en que se descansa. La tumba es
i palma enmedio del desierto. Cada sufrimien-
cada congoja, cada angustia es un escalon de
escala misteriosa vista por Jacob y que nos
/a al cielo. Yendo camino del Tabor, bien se
ide pasar por el Calvario. Pero imagínese vd.
rabia de Colon, si despues de haberse aventu-
lo en el mar desconocido, le hubiera dicho la
turaleza: ¡América no existe! Imagínese vd.
rabia mia, cuando despues de aceptar el sufri-

miento, por ser este el camino de los cielos,
con espanto que el cielo era mentira. ¡Ay, r
dé entónces á Juan Pablo Richter! El cem
rio estaba cubierto por las sombras; boste
las tumbas y abrian paso á los espíritus erra
nada más los niños dormian en sus marm
sepulcros. Ahí, el cuadrante de la eternida
aguja, sin números, sin más que una mano
que giraba y giraba eternamente. Un cristo
co, con la blancura pálida de la tristeza, al
se en el tabernáculo. ¿Hay Dios?—pregunt
los muertos. Y Cristo contestaba: no! Los
están vacíos; en las profundidades de la t
solo se oye la gota de lluvia, cayendo como
na lágrima.—Despertaron los niños, y alzand
manecitas exclamaron:—¡Jesus, Jesus, ¡ya
nemos padre? Y Cristo, cerrando sus exa
brazos, exclamó severo:

—Hijos del siglo: vosotros y yo, todos s
huérfanos!

A esta terible voz que descendió rodando
las masas de sombras apiñadas, cerráronse
tumbas con estrépito, los cirios se apagar
repente, y la terrible noche tendió su ala de
vo sobre el mundo.

¡Hijos del siglo, todos somos huérfanos!

¡Cuántas veces, caballero, he repetido en
horas de angustia estas palabras! ¡Todos s

érfanos! Mi alma está entumida, y necesita pa-
seguir moviéndose, el calor de una creencia!
ro he despilfarrado mi caudal de fé, y en el
ado de mi corazon no queda un solo ochavo de
peranza. Soy un bolsillo vacío y una concien-
ı sin fé. Cuando el saco no sirve para nada, se
mpe. Esto es lo que hago."

HISTORIA DE UNA CORISTA.

CARTA ATRASADA.

ARA edificacion de los gomosos entusiastas
ə reciben con laureles y con palmas á las coris-
ɩ importadas por Mauricio Grau, copio una car-
que pertenece á mi archivo secreto y que—si
memoria no me es infiel—recibí, pronto hará
 año, en el dia mismo en que la *troupe* france-
desertó de nuestro teatro.

La carta dice así:

"*Mon petit Cochon bleu:*

"Con el pié en el estribo del wagon y lo mejor
 mi belleza en la maleta, escribo algunas líneas
a luz amarillenta de una vela, hecha á propó-
o por algun desastrado comerciante para des-
reditar la fábrica de la Estrella. Mi compañera

ronca en su catre de villano fierro, y yo, senta
en un cajon, á donde va á sumergirse muy
breve el último resto de mi guardaropa, me
tretengo en trazar garabatos y renglones co
ustedes los periodistas, hombres que, á falta
Champagne y de Borgoña, beben á grandes 1
bos ese líquido espeso y tenebroso que se lla
tinta. Acaba de terminar el espectáculo y ta
una gran parte de la noche á mi disposicion.
acostumbrada á derrochar el capital ajeno, o
pilfarro las noches y los dias, que tampoco
pertenecen: son del tiempo.

Si hubiera tenido la fortuna de M. Perret,
compañero; si la suerte, esa loca, más loca 1
nosotras, me hubiera remitido en forma de bi
te de la lotería, dos mil pesos, ¡diez mil fran
no hubiera tomado la pluma para escribir mis c
fesiones. Los hombres escriben cuando no tia
dinero, y las mujeres cuando quieren pedir al

A falta, pues, de otro entretenimiento, ha
mos de mi vida. Voy á satisfacer la curiosi
de usted, por no mirarle más tiempo de punti
asomándose á la ventana de mi vida íntima.
mujer, que como yo, tiene el cinismo de pres
tarse en el tablado con el trage económico del
raíso, puede perfectamente escribir sin escrú
los su biografía.

No sé en donde nací. Presumo que mis pad

tanto cuanto flacos de memoria, no se acorda-
ι más de mí unas cuantas semanas despues de
nacimiento. Todos mis recuerdos empiezan en el
ımado cubil que vió correr mis primeros años,
compañía de una vieja, cascada y sesentona,
ɜ desempeñaba oficios de acomodadora en un
ʝueño teatro parisiense. ¿Por qué me habia re-
ɟido aquella buena mujer? Jamás pude saberlo,
nque sospecho que en esta buena accion habia
ɩido poquísimo que ver la caridad. Yo cuidaba
la cocina y hacia invariablemente cuantos
niendos eran necesarios en el deshilachado
ardaropa de mi protectora. Algunos pellizcos
ɔtros tantos palmetazos eran la recompensa de
ɩs afanes diarios. Comiamos mal y se dormia
or, porque si el espectáculo terminaba despues
ɩ media noche, y yo esperaba puntualmente la
ɩelta de la acomodadora, tenia en cambio que
ɩnerme de pié, en cuanto el alba rayaba, para
erezar, como Dios me daba á entender, el pobre
muerzo y arreglar los vetustos menesteres de la
sa.
Muy pocas veces iba al espectáculo. Mi protec-
ra temia, fundadamente, que el trato con la gen-
ɩ de teatro malease mis costumbres. Pero, con-
ɩrme iba creciendo, crecian tambien mis ambi-
ones. El tugurio en que viviamos sofocaba mis
ɩstintos de independencia y de alegría. Un jóven

iluminador que vivia pared por medio de mi
hardilla, me habia hecho conocer que era be
Cumplí diez años, doce, quince, y una ma
alegre de Setiembre, lié con precaucion una
leta, puse en ella los chillantes guiñapos con
solia vestirme en dia de fiesta, y sin espe
vuelta de Madame Ulises, falta de otra cosa
tomar, tomé la puerta.

Puntos suspensivos.

Si tiene vd. el hilo de Ariadna, sígame c
pueda en el gran laberinto parisiense. Si n
tiene ni es sobrado hábil para marear, coste
los escollos, confórmese con seguirme desde l
cuando aparezca de nuevo á flòr de tierra. V
Hugo ha dicho:

"En los zarzales de la vida, deja
Alguna cosa cada cual: la oveja
Su blanca lana, el hombre su virtud."

En donde dice hombre ponga vd. mujer: es
simple correccion de erratas.

Héme de nuevo aquí, ya ménos pobre, des
de mis excursiones subterráneas. Las puerta
un teatro se abren á mi belleza en formacion,
cielo de las bambalinas cubre con sus harapo
descoco. El empresario era un hombre gotoso,
fermo y sucio, que pagaba perfectamente m
todas las infelices figurantas. Con lo que yo
naba en aquel teatro podia comprar tres pare

ines y algunas cuantas cajas de cerillos. Pero
ı era una cuestion completamente secundaria.
no aspiré jamás á vivir, como artista, del tea-
. Apénas sabia leer; mis grandes conocimien-
musicales hubieran atraido sobre mi cabeza
aguacero de patatas cocidas. O el arte no se
ña hecho para mí, ó yo no habia nacido para
rte. Lo único que buscaba en el teatro era á
nera de la exposicion permanente y bien situa-
de un aparador aristocrático. Cuando la mu-
se resuelve á hacer de su belleza un negocio
· acciones, el mercado mejor es un teatro.
ₒos que nada conocen ni saben de los bastido-
, se figuran que la puerta de ese jardin de las
spérides está muy bien guardada por dragones
ndriagos fabulosos. En ese paraíso...... de
ₗhoma, por supuesto, al revés de todo otro paso, es libre la entrada para los pecadores.
Yo, sin embargo, perdida como un átomo en la
sa color de rosa de los coros, vivia penosamen-
codeada por la miseria y víctima de las priva-
nes.
Mi belleza, magnífica y extraordinaria para el
ₒre iluminador, mi exvecino, pasaba inadver-
a en aquel teatro, como la pieza de raso, azul
ₗanco, pasa tambien inadvertida en la gran
nda llena de encajes, seda y telas de oro. La
ₙpetencia era temible. Como la esposa de Mal

boroug, desde lo alto de su torre, yo esperaba, el regreso, sino la aparicion de alguno á quien conocia aún.

Pero ¡ay! ningun príncipe ruso, ningun lord glés se puso á la vista en esa larga temporada supongo que los príncipes rusos son unos e imaginarios que solo han existido en el ce hueco de los novelistas. El dinero se iba aleja de mí, como las golondrinas cuando llega el vierno y los amigos cuando llega la pobreza.

Mi antigua protectora se acordó de mí. Me zo proposiciones ventajosas, y seducida por grandes promesas, vine á América, el país del Los yankees, que conocen admirablemente t las mercancías, con excepcion de la mujer, m maron por una verdadera parisiense. En N York se cena.

Hay rostros colorados y sanguíneos que v diez millones, y espantosas levitas abrochadas encierran una fortuna en la cartera. Yo no h inglés, pero ellos hablan oro. Para contesta bastábame una palabra sola del vocabulario:

Yes.

Los americanos son los únicos hombres que blan en plata.

La Habana es un país privilegiado. Hace cho calor. Los negros sirven para hacer res la blancura hiperbórea de las europeas.

Hay hombres que, á fuerza de vivir entre pa-
de azúcar, se acostumbran á desmigajar su
tuna como un terron puesto dentro del agua.
ro la Habana es el país de la azúcar y Nueva
rk es el país del oro. No me hableis de las ra-
ni de las figuras: no hay hombres más gallar-
s que los yankees.

Mis impresiones de viaje tocan á su término..
estamos en México. Me habian dicho que es-
era la tierra de la primavera. Yo, sin embar-
, no la he visto mas que en el exuberante corsé
la Leroux y en los ramos que manda comprar
las las noches el director de orquesta. Me es-
raba ver correr arenas de oro por las calles, co-
corrian entre las ondas del Pactolo; por de-s
acia, no he hallado mas que periodistas compla-
ntes, amigos que suelen cenar de cuando en
ando, y elegantes gomosos que nos tratan como
fuéramos damas del *Faubourg San Germain.*
s una simple equivocacion: *Notre dame de Lo-
tte* queda más léjos.

Cada noche me miro cortejada entre los basti-
res por una turba de elegantes y de pollos que
e hablan con la cabeza descubierta, tirando es-
upulosamente el cigarro para no molestarme
n el humo. Y todos se disputan mis sonrisas,
e dirigen mil flores que trascienden al hotel
ambouillet y—¡oh colmo de los colmos!—hasta

me escriben cartas. Los más audaces de ellos
len invitarme á tomar una grosella ó un cham
ne.... vermouth. Me encuentran en las calle
apartándose corteses para cederme la acera,
quitan el sombrero. Algunos calaveras me
besado la mano.

Aquí tampoco hay príncipes rusos. Pero,
cambio, llevo una completa coleccion de autó
fos, á cual más precioso. Esta es la primera
dad en que me tratan como se trata á una señc
Ya verá usted si tengo razon para estar agra
cida."

EN LA CALLE.

———

CALLE abajo, calle abajo, por uno de esos ba-
ios que los carruajes atraviesan rumbo á Peral-
llo, hay una casa pobre, sin cortinas de sol en
s balcones, ni visillos de encaje en las vidrie-
s, deslavazada y carcomida por las aguas llo-
dizas, que despintaron sus paredes blancas,
rcieron con su peso las canales, y hasta llena-
n de hongos y de moho la cornisa granujienta
e las ventanas. Yo, que transito poco ó nada
r aquellos barrios, fijaba la mirada con curio-
dad en cada uno de sus accidentes y detalles.
l carruaje en que iba, caminaba poco á poco, y
nforme avanzábamos, me iba entristeciendo

gravemente. Siempre que salgo rumbo á Pe
villo, me parece que voy á que me entier
Distraido, fijé los ojos en el balcon de la ca
que he pintado. Una palma bendita se cru
entre los barrotes del barandal, y haciendo
cios de cortina, trepaba por el muro y se re
cia en la varilla de hierro una modesta enre
dera, cuajada de hojas verdes y de azules
panillas. Abajo, en un tiesto de porcelana, erg
la cabecita verde, redonda y bien peinada, el
bahaca! Todo aquello respiraba pobreza, p
pobreza limpia: todo parecia arreglado prim
samente por manos sin guante, pero lavadas
jabon de almendra. Yo tendí la mirada al i
rior, y cerca del balcon, sentada en una gran
lla de ruedas, entre dos almohadones blanc
puestos los breves piés en un pequeño tabur
estaba una mujer, casi una niña, flaca, pál
de cútis trasparente como las hojas delgadas de
porcelana china, de ojos negros, profundame
negros, circuidos por las tristes violetas del i
somnio. Bastaba verla para comprenderlo: es
ba tísica. Sus manos parecian de cera; respir
con pena, trabajosamente, recargando su cabe
que ya no tenia fuerza para erguir, en la almo
da que le servia de respaldo, y viendo con s
ojos, agrandados por la fiebre, esa vistosa muc
dumbre que caminaba en són de fiesta á las

s, agitando la sombrilla de raso ó el abani-
marfil, la caña de las Indias ó el cere-

os carruajes pasaban con el ruido armonioso
s muelles nuevos; el landó, abriendo su gón-
, forrada de azul raso, descubria la seda res-
deciente de los trages y la blancura de las
lérmis; el faeton iba saltando como un vena-
fugitivo, y el mail—coach, coronado de sombre-
blancos y sombrillas rojas, con las damas co-
tamente escalonadas en el pescante y en el
ho, corria pesadamente, como un viejo solte-
enamorado, tras la griseta de ojos picarescos.
parecia que de las piedras salian voces, que
vago estrépito de fiesta se formaba en los ai-
, confundiendo las carcajadas argentinas de
jóvenes, el rodar de los coches en el empedra-
, el chasquido del látigo que se retuerce, como
la víbora, en los aires, el són confuso de las pa-
bras y el trote de los caballos fatigados. Esto
: vida que pasa, se arremolina. bulle, hierve;
cas que sonríen, ojos que besan con la mirada,
lumas, sedas, encajes blancos y pestañas negras;
l rumor de la fiesta desgranando su collar de
onoras perlas en los verdosos vidrios de esa humilde casa, donde se iba extinguiendo una exis-
encia jóven é íbanse apagando dos pupilas negras, como se extingue una bujía lamiendo con

su llama el arandela, y como se desvanecen, apagan los blancos y frios luceros de la m[...] gada.

El sol parece enrojecer la seda de las som[...] llas y la sangre de las venas: quizá ya no le [...] mañana, pobre niña! Toda esa muchedum[...] canta, ríe: tú ya no tienes fuerzas para llora[...] ves ese mudable panorama, como veria las [...] vas y los arabescos de la danza el alma que[...] nase en los calados de una cerradura. Ya te [...] alejando de la vida, como una blanca neblina [...] el sol de la mañana no calienta. Otras oste[...] rán su belleza en los almohadones del carru[...] en las tribunas del *turf* y en los palcos del t[...] tro; á tí te vestirán de blanco, pondrán la a[...] rilla palma entre tus manos, y la llama oscila[...] de los cirios amarillos perderá sus reflejos en [...] rígidos pliegues de tu trage y en los blancos a[...] hares, adorno de tu negra cabellera.

Tú te ases á la vida, como agarra el pequeñ[...] enfermo los barrotes de su cama para que no [...] arrojen á la tina llena de agua fria. Tú, pob[...] niña, casi no has vivido. ¿Qué sabes de las fie[...] tas en que choca el cristal de las delgadas cop[...] y se murmuran las palabras amorosas? Tú ha[...] vivido sola y pobre, como la flor roja que crec[...] en la granosa oquedad de un muro viejo ó e[...] el cañon de una canal torcida. No envidias, sin

rgo, á los que pasan. Ya no tienes fuerza ni
desear!

* *

partando la vista de aquel cuadro, la fijé en
arruajes que pasaban.

l landó en que Cecilia se encaminaba á las
eras, era un landó en forma de góndola, con
niz azul oscuro y forro blanco. Los grandes
quillos de las ruedas brillaban como si fuesen
ro, y los rayos, nuevos y lustrosos, giraban
lumbrando las miradas con espejeos de barniz
evo. Daba grima pensar que aquellas ruedas
n rozando los guijarros angulosos, las duras
dras y la arena lodosa de las avenidas. Ceci-
se reclinaba en los mullidos almohadones, con
regodeo y deleite de una mujer que ántes de
ntir el contacto de la seda, sintió los arañios de
jerga. Iba contenta: se conocia que acababa
e comer trufas. Si una chuparrosa hubiera co-
etido la torpeza de confundir sus labios con las
mas de mirto, habria sorbido en esa ánfora es-
arlata la última gota de champagne.
Cecilia entornaba los párpados para no sentir
a cruda reverberacion del sol. La sombrilla ro-
a arrojaba sobre su cara picaresca y su vestido
ila, un reflejo de incendio. El anca de los caballos, herida por la luz, parecia de bronce floren-

tino. Los curiosos, al verla, preguntaban: ¿
será? Y un amigo filósofo, haciendo memo
cierta·frase gráfica, decia:

—Una duquesa ó una prostituta.

Nada más la enfermita moribunda cono
esa mujer. Era su hermana.

AL AMOR DE LA LUMBRE.

van ustedes á dudar; pero en Dios y en mi
la protesto que hablo muy de veras, formal-
te. Y despues de todo, ¿por qué no han de
r ustedes que yo vivo alegre, muy alegre en
vierno? Veo cómo caen una por una las ho-
ya amarillas, de los árboles; escucho su monó-
o chasquido al cruzar en mis paseos vesperti-
alguna avenida silenciosa; azota mi rostro el
lo de Diciembre, como la hoja delgada y pe-
rante de un puñal de Toledo, y léjos de abri-
rme en el fondo de un carruaje, léjos de renun-
r á aquellas vespertinas correrías, digo para
is adentros: ¡Ave, invierno! ¡Bendito tú que
gas con el azul profundo de tu cielo y la calma

y silencio de tus noches! ¡Bendito tú qu[...]
las largas y sabrosas pláticas con que en[...]
las veladas del hogar el buen anciano, m[...]
las castañas saltan en la lumbre y las hel[...]
fagas azotan los árboles altísimos del par[...]

¡Ave, invierno! Yo no tengo parque [...]
pueda susurrar el viento, ni paso las velad[...]
to al fuego amoroso del hogar; pero yo te[...]
y me deleito pensando en esas fiestas de f[...]
cuando recorro las calles y las plazas, di[...]
como el buen Campoamor, al ver por los [...]
cios de las puertas el hogar chispeante [...]
amigo:

Los que duermen allí no tienen frio.

***

¡El frio! Denme ustedes algo más imag[...]
que este tan decantado personaje. Yo sol[...]
en el frio cuando veo cruzar por calles y pl[...]
á esos infelices que, sin más abrigo que su [...]
de saco de verano, cubierta la cabeza por [...]
go vergonzante, tiritando, y á un paso ya de[...]
se, parecen ir diciendo como el filósofo Bi[...]

Omnia mecum porto.

¡Pobrecillos! No tener un abrigo en el i[...]
no equivale á no tener una creencia en la [...]

***

Siempre he creido que el fuego es lo que m[...]
calienta en la estacion del hielo. Prueba al can[...]

ezco á un solteron, hombre ya de cincuen-
dades, rico como Rostchild, egoista como
es y sibarita como Lord Palbrocke. Es ri-
ne una casa soberbia; diez carruajes perfec-
te confortables; una servidumbre espléndi-
na mesa que haria honor á Lúculo. Nadie
le recostado en los muelles almohadones de
aoda berlina, tirada por *two miles* america-
abierto por una hopalanda contra la que na-
dria el hielo mismo de Siberia; nadie, digo,
la pensar que aquel hombre es desgraciado,
ctamente desgraciado, que aquel soberbio
o padece de una enfermedad terrible: ¡el frio!
Nada más cierto, sin embargo; nuestro hombre,
stro banquero, nuestro millonario, tiene frio.
es lo peor que ni la chimenea noruega, ni las
les asiáticas que tiene en su palacio, son bas-
tes á combatir aquella nieve eterna. Se encie-
en su casa; busca el suave calor de las estu-
; abriga sus entumecidos miembros con las pie-
traidas por él de San Petersburgo: impide con
espesa *portiére* y el luengo cortinaje que algu-
as ráfagas de viento penetren *sans façon* por las
unturas; se cree ya salvo, se hunde en los almo-
adones de un canapé de invierno; pero está solo,
nteramente solo; los placeres le hastían, los amigos lo explotan; no hay un solo corazon que lata
con el suyo; no hay una sola mano que enjugue

sus lágrimas, si llora; si muere, nadie ven
consolarle en su agonía, nadie irá á rezar
sepulcro: ¿la juventud? ¡ya ha pasado! ¡el
¡imposible! ¿las riquezas? ¡qué valen! ¿el recu
¡es el remordimiento! ¿la muerte? ¡héla qu
ga......! Los leños de la chimenea crugen
si tambien llorasen; tiemblan los cristales; la
las están desiertas y sombrías.... ¡qué sol
¡qué tristeza! ¡qué horrible frio! ·

*
* *

Mi buen amigo:

Sé que me quieres y por eso te escribo rob
do para ello algun instante á la santa felicidad
mi existencia. ¡Soy tan dichoso! ¿Te acuerdas
mi Lupe? ¡Es tan buena, tan sencilla.....! ¡
la quiero tan á la buena de Dios, como tú dic
¡Es tan bello el angelito que Dios nos ha d
¡Si lo vieras! Tiene la cabecita rubia y los o
brillantes, húmedos, como su mamá. ¡Alma de
alma! Cuando le veo dormido en su cuna, con
manos plegadas sobre el pecho; cuando calient
sus entumecidos piececitos con mis besos, me p
rece que no hay felicidad.... ¡qué ha de hab
—como la mia, y lloro, sí, no me avergüenzo
decirlo, lloro como un simple, abrazo á Lupe, m
otro ángel, y salto como un niño.... ¡vamos!
creo que voy á volverme loco de contento!

con nosotros; te esperamos. Deja tus mo-
paseos, los cafés, los bailes, los teatros,
lvidar tu eterno *spleen.* Ya verás cómo me
ᴣ.... Sí, porque la envidia es á veces muy
hasta santa. Mira: te dispondremos la al-
. una pieza .tapizada de azul, como á tí te
ᴉncontrarás algunos tiestos con flores en la
ᴉ; un sillon cómodo y mullido junto al ca-
echo, y en la mesilla de noche algunos li-
ᴉmo *Monsieur, Madame et Bebé.*
·erás si soy dichoso, cuando en estas largas
de invierno vuelvo desde temprano á mi
y miéntras Lupe, con su bata blanca y su
lanca tambien, en el cabello, toca algun
ᴣ esos que te hacen cosquillas en los piés,
perezosamente algun buen libro, mirando
rabo del ojo á mi mujer, que es un libro
gno ciertamente de ser leido, que todos los
aglomeras en tu biblioteca.
ᴣomos ricos, bien lo sabes; pero cuando des-
e trabajar durante el dia vuelvo á mi ho-
Lupe, con nuestro ángel en los brazos, sa-
cibirme, soy tan feliz, me juzgo tan dicho-
.... vas á dudarlo—no me cambiaria por
ᴉ opulento millonario. ¡Qué riquezas hay
ᴉedan compararse con la santa paz de mi
Si estás triste, si estás decepcionado, ven
ᴉr algunos dias con nosotros: somos tan fe-·

lices, que quisiéramos salir por esas calles d
dolo á voz en cuello, para que todos partici
de nuestra dicha!

CÁRLOS.

Ya lo ve vd., señora ó señorita; mi amig
los sin estufas, ni abrigos, ni carrozas, disfr
un calor de que no goza el más encopetad
llonario. ¡El alma! Hé ahí la chimenea que
conservarse bien provista para las largas n
del invierno.

> Car l'hiver ce n'est pas la bise et la froidure;
> Et les chemins deserts qu'hier nous avons vu;
> C'est le cœur sans rayons, c'est l'ame sans ver
> C'est ce que je serais quand vous n'y serez plus!

Tengo para mí que el recuerdo es un ca
tor en el que debe pensarse muy de veras,
do el furor industrial, siempre creciente,
las minas de carbon de piedra. Yo de mí só
que encuentro en el arsenal de mi memori
las nieves y el hielo de los polos, como el
del Africa y del Asia. Por eso cuando hun
cabeza en la caliente almohada, me arrop
las colchas y espero las blandas caricias del
ño, miéntras miro cómo se descompone y se
forma el humo que asciende en espiral de m

evoco, si experimento una convulsion de
lguaa memoria y me caliento á su fantásti-
ıbra. ¿Lo dudais?

ıgo un amigo entrado ya en años, pero jó-
ə espíritu; poeta, si los hay, aunque en su
—¡y cuidado si es larga!—ha tenido la ocu-
a de ensartar un verso; padre de dos moce-
bigotudos y robustos como dos sargentos;
ı fin y postre, comerciante. Ello es, empero,
ı la nieve de los números, ni los afanes de
a práctica, han sido bastantes á aniquilar
tico entusiasmo de mi amigo, que todavía
a escarcha del cabello cano, siente hervir
erosa hoguera de la juventud. Pocas noches
departiamos los dos amigablemente, senta-
nbos en torno de una mesita de *papier ma-*
ırgada por más señas con dos tazas chinas
ısparente porcelana, una soberbia cafetera
de sabroso moka, y una caja abierta de co-
ıles tabacos, frescos todavía por las húme-
risas de la mar. Hablábamos del frio, y mi
ı, con su voz cascada, narróme, si no me es
la memoria, lo siguiente:

Tenia allá en mis mocedades una novia, be-
mo una figura del Ticiano, rubia como las
as del trigo, y tan sencilla que, á no habér-
licho yo, no habria sabido, sino hasta Dios
cuándo, que era hermosa. ¡Pobre Clara!

Ella me queria como quiere una mujer á l
ce años. ¡Yo la amaba con el fuego de mi
mayos, y aún al recordarlo me parece qu
todavía! Una tarde salimos como de co
por el campo; ella apoyada en mi brazo;
fuso y trémulo como el niño que espera
tencia de algun inocente pecadillo. Sin
ella y yo nos alejamos de los que atras
poco á poco internándonos en lo más int
del follaje. Yo sentia que su brazo tembl
to al mio, veia cómo el pudor teñia con i
rosado su semblante. . . . . De pronto, (
desprende de mi brazo, y lanzando una
carcajada, corre como una cervatilla por el
yo la sigo, ya la alcanzo: tiende los brazo
cho su cintura; vuelve ella la cara, mir
queño racimo de uva entre sus labios, qui
társelo, ella se defiende, y sin quererlo,
pensar en ello, se unen nuestros labios, y
el más santo, el más puro, el más sublim
de pronto entre aquella soledad y aquel i
 ¿Dígame vd. si no producen un calor (
estos recuerdos?

¡Invierno, invierno! Dicen que eres re
la véjez! Hoy eres entónces el retrato d
manidad: todos somos viejos!

INDICE.

———

FIN.

Lightning Source UK Ltd.
Milton Keynes UK
UKHW022315080223
416651UK00001B/120